QUELQUES MOTS

SUR

LA MISÈRE

SON HISTOIRE, SES CAUSES, SES REMÈDES

PAR

JULES SIEGFRIED

HAVRE

LIBRAIRIE DE J. POINSIGNON

PLACE DE L'HOTEL-DE-VILLE.

1877

DU MÊME AUTEUR :

Mémoire au sujet de la fondation à Mulhouse d'une Ecole de commerce (en collaboration avec M. Jacques SIEGFRIED)......................... 1863

Des Cercles d'Ouvriers à propos des Working Men's Clubs d'Angleterre. — Brochure..................... 1868

Situation financière de la France. — Brochure........ 1871

Les Cités ouvrières du Havre. — Conférence........ 1871

L'Impôt sur le Revenu et les Droits de Douane. — Brochure................................... 1871

L'Initiative individuelle. — Conférence...... 1872

Rapport sur les Ecoles primaires et les Salles d'Asile du Havre................................... 1872

Les Cercles d'Ouvriers. — Conférence............. 1874

Quelques Mots sur la Question des Chemins de fer en France................ 1875

Havre. — Imp. F. SANTALLIER, boulevard de Strasbourg, 162.

QUELQUES MOTS

SUR LA MISÈRE

SON HISTOIRE, SES CAUSES, SES REMÈDES

QUELQUES MOTS

SUR

LA MISÈRE

SON HISTOIRE, SES CAUSES, SES REMÈDES

PAR

JULES SIEGFRIED

HAVRE

LIBRAIRIE DE J. POINSIGNON

PLACE DE L'HOTEL-DE-VILLE.

1877

A Madame Auguste Dollfus

AU HAVRE

C'est à vous, chère Madame, que je dédie cet Ouvrage, à vous dont la vie tout entière est consacrée à ceux qui souffrent.

Bien souvent les moyens de soulager la Misère, ont fait le sujet de nos entretiens, et j'ai trouvé auprès de vous, ce qui est si rare dans ces questions délicates, la pratique unie à la théorie, l'intelligence associée au cœur.

Permettez-moi donc de placer en tête de ces quelques pages, comme un hommage à la Charité, un nom bien connu des pauvres, un nom aimé et respecté de tous, parce que, à Mulhouse comme au Havre, il signifie dévouement à toutes les nobles causes.

JULES SIEGFRIED.

Le Havre, 1er Janvier 1877.

QUELQUES MOTS
SUR LA MISÈRE

SON HISTOIRE — SES CAUSES — SES REMÈDES

> O Israël, tu ne souffriras pas qu'il
> y ait dans ton sein un seul mendiant,
> ni un seul indigent.
>
> *Moïse.*
>
> Tu aimeras ton prochain comme
> toi-même.
>
> *Év. selon saint Matthieu, xxii, 39.*

INTRODUCTION

Sans avoir la prétention de traiter complétement un sujet aussi important et aussi complexe que celui de la Misère, je l'aborde cependant, assuré que nul homme de cœur ne peut rester indifférent à un tel problème, et que chacun de nous doit s'occuper des classes pauvres pour tâcher d'améliorer leur sort.

C'est surtout à celui qui se souvient des belles paroles de la Bible, mises en tête de ce travail, qu'incombe le devoir sacré de soulager ses frères dans la misère, de les consoler dans l'affliction et de les relever au point de vue moral. Le jour où chacun, dans quelque sphère qu'il se trouve, considérera comme un devoir de s'occuper de ceux qui sont plus malheureux que lui; le jour où chacun comprendra que son concours, si modeste qu'il soit, est nécessaire pour lutter contre la misère ou pour la prévenir, ce jour-là, elle ne sera pas loin d'être vaincue. Ceux, du reste, qui auront agi ainsi, tout en remplissant leur devoir, auront en même temps trouvé le bonheur, car il n'est pas de joie préférable à celle qu'on éprouve en se rendant utile à son prochain, comme en faisant le bien autour de soi.

Dans notre pensée, ce travail devrait avoir pour résultat la vulgarisation de ces grandes questions qui touchent à l'étude de la misère. Il ne s'agirait pas seulement de montrer l'étendue du mal, d'indiquer les remèdes employés jusqu'à ce jour, mais surtout de préciser les moyens par lesquels on pourrait arriver à une organisation plus complète et plus sérieuse de la charité.

Ce serait notre meilleure récompense que de pouvoir servir ainsi de guide au grand nombre de ceux qui, désirant faire le bien, n'attendent souvent que l'occasion favorable pour se rendre utiles. Par cela même, il nous serait donné de pouvoir contribuer au relèvement moral, comme au progrès matériel, de tant d'êtres malheureux, qui, impuissants par eux-mêmes à sortir de la position misérable où ils se trouvent, n'ont souvent besoin pour se relever que d'un secours sérieux et intelligent.

Il n'est pas de sujet plus actuel que celui dont nous abordons l'étude. Ne touche-t-il pas en effet à la question sociale, si importante aujourd'hui, et n'est-il pas en rapport direct avec ces grandes questions de moralité, d'instruction, de patriotisme et de santé publique, qui préoccupent actuellement, et à juste titre, tant d'esprits clairvoyants?

Ouvriers avec Dieu, ne devons-nous pas travailler sans cesse au progrès général? Remarquons que c'est notre intérêt en même temps que notre devoir.

Si nous voulons faire disparaître l'antagonisme qui existe trop souvent encore entre les différentes classes de la société; si nous voulons éviter les émeutes et les révolutions, — qui ne sont utiles à personne, — ne faut-il pas que ceux qui possèdent s'occupent de ceux qui ne possèdent pas?

Le véritable esprit de conservation ne consiste pas à mettre une barrière à tout progrès et un frein à toute liberté, mais à prendre corps à corps les difficultés sociales, à les étudier, à se mettre à la place de ceux qui souffrent, et à s'efforcer de les secourir; il consiste à faire progresser le pauvre et l'ignorant dans la voie du bien, en développant leur intelligence et leur cœur, et non pas à les considérer comme des êtres inférieurs, propres seulement à l'obéissance passive et indignes de la liberté.

Tous les hommes sont frères et égaux devant Dieu; si nous voulons faire la volonté de celui qui est le Père de tous les hommes, aimons-les et faisons-leur du bien.

Une dernière remarque. L'habitude prise de nos jours de juger rapidement les hommes et les choses, impose à celui qui veut exposer et défendre ses idées, la nécessité d'être bref. C'est donc au lecteur qu'il appartient de suppléer, par ses connaissances acquises, à l'absence des détails qui sont trop nombreux pour être exposés dans un sujet aussi vaste que celui dont nous allons aborder l'étude.

PREMIÈRE PARTIE

HISTOIRE DE LA MISÈRE EN FRANCE.

CHAPITRE I

LA MISÈRE D'AUTREFOIS.

La misère a existé de tout temps, car elle n'est pas, comme quelques-uns pourraient le penser, une plaie des temps modernes, due surtout au développement industriel de notre époque ; l'humanité l'a toujours connue, mais la misère de nos jours est moins affreuse qu'elle ne l'était dans l'antiquité.

Les Égyptiens avaient leurs pauvres, et Pline assure que c'est par eux que furent construites les Pyramides. L'organisation de grands travaux publics, pour donner du travail aux malheureux, était un remède employé déjà contre la misère, dans ces temps éloignés.

La Grèce connaissait ce grand mal, car une partie de ses citoyens étaient nourris par l'État,

qui faisait aux pauvres des distributions de grain
qui, d'année en année, devinrent plus considérables. Athènes s'efforça de lutter contre le paupérisme, mais ne sut employer que des palliatifs, tels
que des *chauffoirs publics*, qui devinrent bientôt des
lieux de débauche; le *Cynosarge*, où on élevait
gratuitement les enfants dont les pères étaient
morts pour la patrie; le *Prytanée*, où ceux qui
avaient rendu des services à la patrie étaient nourris aux frais de la République.

Quant à Rome, la misère y fut parfois affreuse.
Pendant la République, au temps de César,
320,000 individus, sur 440,000 habitants, étaient
inscrits pour recevoir les distributions de pain;
plus tard, tout père de famille eut droit à des terres;
les lois agraires enfin, qui avaient pour but, en
morcelant la propriété, de permettre au plus grand
nombre possible d'individus de posséder un coin
de terre capable de les faire vivre, se succédèrent
sans pouvoir arrêter ce fléau toujours croissant.

Voulez-vous un tableau réaliste de la misère
dans les temps anciens? Relisez ce passage d'Aris-
tophane :

« Les cris des enfants affamés, les puces, les
« cousins, les insectes innombrables dont les bour-

« donnements réveillent la nuit, des haillons pour
« habits, pour lit une litière de joncs où les pu-
« naises fourmillent, pour tapis une natte pourrie,
« pour oreiller une grosse pierre ; au lieu de pain,
« des racines de mauve, pour tout potage de
« méchantes feuilles de raves, pour siége le cou-
« vercle d'une cruche brisée, pour pétrin une
« douve de tonneau, encore est-elle perdue, voilà
« la misère actuelle. »

Et si nous ajoutons à ce triste tableau l'affreuse
plaie de l'antiquité, l'esclavage, misère morale
bien autrement profonde ; si nous envisageons ce
trafic honteux de chair humaine, nous pourrons
nous faire une idée assez exacte de l'état déplorable dans lequel se trouvaient les classes pauvres
dans les temps anciens.

L'État païen n'avait donc pu faire que bien peu
de chose pour soulager ces souffrances ; mais voici
le Christ, qui vient renverser les idées étroites et
égoïstes de ses contemporains et inaugurer l'ère
de la fraternité universelle. Il résume la loi et les
prophètes, c'est-à-dire toute la morale, dans cette
parole : « Tu aimeras ton prochain comme toi-
« même ; » et, au lieu de chercher, comme le
monde païen l'avait fait, le remède contre la misère

dans l'intervention unique et directe de l'État, qui corrompait les masses et encourageait l'oisiveté, il le cherche à sa vraie source, dans l'amour de chaque homme pour son semblable et dans le dévouement personnel.

Aussi, voyons-nous Constantin, le premier empereur chrétien, construire de nombreux hôpitaux, encourager l'agriculture pour développer une des principales sources de travail, adoucir le sort des esclaves en facilitant leur affranchissement, prendre soin des enfants en bas âge abandonnés par leurs parents, et employer des mesures sérieuses pour combattre la misère.

Dans les premiers siècles de l'ère chrétienne, les Gaules étaient dans un état plus misérable encore que l'Empire romain; mais Clovis, encouragé par les évêques, prodigue des trésors pour construire des monastères et des hôpitaux qui en étaient l'accessoire obligé. — Dans ces temps troublés, c'étaient les seuls refuges des malheureux.

Charlemagne, à son tour, décide que le quart des biens ecclésiastiques sera consacré aux pauvres, et s'efforce d'interdire le vagabondage et la mendicité, en défendant de nourrir aucun mendiant valide qui se refuserait à travailler.

Ces nobles efforts sont continués par son fils, Louis-le-Débonnaire, à la demande duquel le Concile d'Aix-la-Chapelle dresse en 816 le règlement suivant :

« Les évêques établiront un hôpital pour rece-
« voir les pauvres, et lui assigneront un revenu
« suffisant aux dépens de l'Église. — Les cha-
« noines y donneront la dîme de leur revenu,
« même des oblations, et un d'entre eux sera
« choisi pour gouverner l'hôpital, même au tem-
« porel. Les chanoines iront, au moins en carême,
« laver les pieds des pauvres; c'est pourquoi l'hô-
« pital sera tellement situé, qu'ils puissent y aller
« aisément. »

Ces utiles dispositions produisirent d'excellents effets; mais les guerres et les famines de la triste période qui suivit le démembrement de l'empire de Charlemagne furent la cause de l'abandon presque complet des pauvres.

Saint Louis s'efforça de réparer le mal; il restaura l'Hôtel-Dieu de Paris, fonda un grand nombre d'hôpitaux, et encouragea les grands de la cour à fonder, à son exemple, des établissements charitables.

Les croisades, les guerres de toute sorte, et

surtout les guerres avec l'Angleterre, comme la
fatale déroute de Crécy, augmentèrent considérablement le nombre des mendiants.

Les pays traversés par les armées, où la disci-
pline était inconnue, sont ruinés; les soldats pil-
lent tout sur leur passage, et après la guerre ils
deviennent, pour la plupart, des vagabonds qui,
se croyant tout permis, refusent de travailler.

A cette époque le mal est si profond, les mendiants sont en si grand nombre et si dangereux,
que, dans la plupart des grandes villes, on sent
la nécessité de les parquer dans les *Cours des
Miracles*, où on les enferme le soir et d'où ils
ne peuvent sortir que le matin.

Ces enclos étaient nommés « Cours des Miracles » à cause des prodiges qui s'y accomplissaient
chaque soir; en effet, les boiteux, les aveugles, les
paralytiques, à peine de retour dans leur quartier,
n'avaient plus aucune infirmité jusqu'au lendemain
matin.

Ces refuges, où on ne pouvait pénétrer que par
une entrée, se composaient d'un certain nombre
de maisons disposées autour d'une cour centrale.
C'était le rendez-vous de tous les vices, et c'est
de là que sortaient, chaque matin, les voleurs, les

vagabonds, les faux infirmes, et tous ceux qui s'adonnaient aux métiers les plus infâmes.

La mendicité est si développée à cette époque qu'elle s'organise en corporations; on se fait mendiant, comme on devient ouvrier; les mendiants en arrivent à former une sorte de gouvernement, ayant leur Roi et leurs États-Généraux.

Du XIVe au XVIIe siècle, on compte 92 rois de mendiants reconnus comme tels par tous les vagabonds de France (1).

Mais le mal devient si grave que le roi Jean, en 1350, est obligé de prendre l'ordonnance suivante :

« Tous gens oiseux, truendans ou mendians,
« joueurs de dez ou enchanteurs publics, de quel-
« que état, condition, sexe qu'ils soient, vuide-
« ront la ville de Paris; qu'après les trois jours,
« ceux qui seront trouvés oiseux, jouant aux dez
« ou mendians, seront prins et menez en prison
« et ainsi tenus par l'espace de quatre jours; et
« quand ils auront été délivrez, s'ils sont trouvés
« oiseux, ou s'ils n'ont bien dont ils puissent

---

(1) *Dictionnaire d'Économie charitable*, par Martin d'Oisy, tome IV, p. 1314. Paris, Imp. de l'abbé Migne.

« avoir leur vie; ou s'ils n'ont aveu de personnes
« suffisans, sans fraude à qui ils facent besogne,
« ou qu'ils servent, ils seront mis au pillory, et
« la tiercefois ils seront signez au front d'un fer
« chaud et bannis des dits lieux. »

Pendant les règnes de Charles V, VI, VII, de
Louis XI, de Charles VIII et de Louis XII, le
mal, loin de diminuer, ne fait que s'étendre.

Les États-Généraux de 1483 font entendre les
plaintes suivantes :

« Plusieurs hommes et femmes, pour fault de
« bêtes, sont contraints à labourer, la charrue au
« col; d'autres labourent la nuit, de crainte d'être
« pris de jour et appréhendés pour les tailles, au
« moyen de quoi partie des terres sont demeurées
« à labourer.

« Il faut que le poure laboureur paye et souldoye
« ceux qui le battent, qui le deslogent de sa mai-
« son, qui le font coucher à terre, qui lui ostent
« sa subsistance; et les gages sont donnés aux
« gens d'armes. Et quand le poure laboureur a
« payé à grant peine la cotte de sa taille pour
« la soulde des gens d'armes, espérant que ce
« qui lui est demeuré sera pour vivre et passer
« son année, ou pour semer, vient à un espace

« des gens d'armes qui mangeront et dégusteront
« ce peu de bien que le poure homme aura réservé
« pour son vivre. Et, à la vérité, si n'estoit Dieu
« qui conseille les poures et leur donne patience,
« ils chéroient en desespoir. » Et plus loin :

« Qui eût jamais pensé, ne imaginé veoir ainsi
« traicter ce poure peuple, jadis nommé François,
« maintenant de pire condition que le serf; car
« un serf est nourri, et ce peuple a été assommé
« de charges importables, tant taxes, gaiges, ga-
« belles, imposistions et tailles excessives. »

François Ier fait décider que tous les pauvres
mendiants valides seront contraints de travailler
pour gagner leur vie; que ceux qui s'obstineraient
à vivre dans l'oisiveté seront punis des verges ou
du fouet et bannis du pays à temps ou à perpétuité;
et que des bureaux de charité seront établis dans
les principales villes pour distribuer des secours
aux pauvres invalides.

Ces mesures, en apparence excellentes, la dernière surtout, eurent pour effet de faire affluer
dans les villes et principalement à Paris une foule
de pauvres qui considéraient *comme un droit* d'être
secourus.

En 1547, Henri II publie un édit classant les

mendiants en trois catégories : les mendiants valides, — les mendiants invalides sans aucunes ressources et *sans feu ni lieu* pour se retirer, — les
pauvres, malades et impuissants, ayant des lieux
de retraite, mais n'ayant aucun moyen ʼe travailler
ou gagner leur vie.

Des travaux publics sont ouverts pour les premiers qui sont tenus de s'y rendre; les seconds
sont *menez et distribuez* dans les hôpitaux pour y être
nourris, secourus et entretenus des revenus de ces
établissements; les autres enfin sont mis à la charge
des habitants de chaque paroisse qui, « à cette fin,
« firent faire les rooles par les curés ou vicaires
   et marguilliers, pour leur distribuer, en leur mai-
« son ou en tel autre lieu commode, qui serait
« advisé par lesdits curés, vicaires ou marguilliers,
« en chacune d'icelles paroisses, l'aumosne raison-
« nable. »

Cet édit, — confirmé et développé par les rois
suivants, et notamment sous Charles IX par le ver-
tueux chancelier de Lhospital, qui en recommande
la rigoureuse application, et pose en principe que
les habitants de chaque ville, village ou bourgade
sont tenus de nourrir et entretenir les pauvres de
leur localité, — n'est appliqué que faiblement, et

la pauvreté, la mendicité et le vagabondage n'en existent pas moins.

Les hôpitaux, aumosneries, léproseries et maladreries donnent lieu à de grands abus de la part de ceux qui les dirigent, et Henri IV est obligé de les assujettir à une réforme générale.

Ce prince, d'une intelligence remarquable, s'efforce d'améliorer la situation du pauvre et du paysan ; il veut « que chaque dimanche, ce dernier « puisse mettre la poule au pot. » Comprenant que pour diminuer la misère le meilleur moyen est d'augmenter le travail, il encourage l'industrie, en facilite le développement, et, secondé par Sully, s'efforce de rétablir l'ordre dans les finances et la confiance dans les affaires. — L'édit de Nantes termine les guerres religieuses si fatales au pays ; de nouvelles industries se créent, et la tranquillité et le bien-être succèdent aux agitations et aux troubles des guerres civiles.

Dans les premiers temps du règne de Louis XIV, la misère semble diminuer ; l'hôpital général est fondé, et un nouvel édit, plus complet encore que les précédents, est pris en 1656 à l'égard des pauvres. Mais bientôt la politique réparatrice d'Henri IV est abandonnée ; les guerres recommencent, et les impôts qui en sont la conséquence, l'immoralité de la cour et des armées, sont la cause d'une misère profonde, mal dissimulée par les somptuosités de Versailles. Un chroniqueur du temps dépeint ainsi la misère dans le Blaisois, en 1662 :

« Les pauvres des champs semblent des car-
« casses déterrées; la pasture des loups est au-
« jourd'huy la nourriture des chrestiens; car, quand
« ils tiennent des chevaux, des asnes, et d'autres
« bestes mortes et estouffées, ils se repaissent de
« cette chair corrompue qui les fait plustost mou-
« rir que vivre. Les pauvres de la ville mangent,
« comme des pourceaux, un peu de son destrempé
« dans de l'eau pure, et s'estimeront heureux d'en
« avoir leur saoul. » — Et plus loin :

« J'ai trouvé partout un grand nombre de mes-
« nages qui meurent de faim. Si quelques-uns
« mangent une fois le jour, un peu de pain de
« son, d'autres sont deux ou trois jours sans en
« manger un seul morceau. — Ils ont mangé
« jusqu'à leurs habits, et sont couchés sur un peu
« de paille sans couverture. »

La révocation de l'édit de Nantes, en provo-
quant l'émigration d'un grand nombre de protes-

tants, qui ne peuvent conserver leur foi qu'en quittant leur patrie, porte un coup funeste à l'industrie, qui se trouve principalement entre leurs mains, et, en diminuant le travail, contribue encore à augmenter la misère.

La condition du peuple, surtout dans les campagnes, est déplorable; rappelons la peinture tristement célèbre qu'en fait La Bruyère (1) :

« L'on voit certains animaux farouches, des « mâles et des femelles, répandus par la cam-« pagne, noirs, livides et tout brûlés par le soleil, « attachés à la terre qu'ils fouillent et qu'ils re-« muent avec une opiniâtreté invincible; ils ont « comme une voix articulée; et quand ils se lèvent « sur leurs pieds, ils montrent une face humaine, « et, en effet, ils sont des hommes. Ils se retirent « la nuit dans des tanières où ils vivent de pain « noir, d'eau et de racines; ils épargnent aux « autres hommes la peine de semer, de labourer « et de recueillir pour vivre, et méritent ainsi de « ne pas manquer de ce pain qu'ils ont semé. »

L'état des choses ne s'améliore pas sous le règne

---

(1) *Caractères de La Bruyère : De l'Homme*, CXXVIII.

de Louis XV et de Louis XVI; la misère est aussi grande que jamais, et la mendicité est bien loin d'être détruite.

Massillon écrit en 1740 :

« Les peuples de nos campagnes vivent dans
« une misère affreuse, sans lits, sans meubles; la
« plupart même, la moitié de l'année, mangent du
« pain d'orge et d'avoine qui fait leur unique
« nourriture, et qu'ils sont obligés de s'arracher
« de la bouche et de celles de leurs enfants pour
« payer leurs impositions. »

En 1786 un arrêt du Parlement ordonne qu'un *bureau de charité* sera établi dans chaque paroisse pour venir au secours des malheureux; mais là s'arrêtent les efforts du pouvoir monarchique absolu pour enrayer les développements du paupérisme.

L'histoire de la misère d'autrefois se termine en 1789, et peut se résumer dans ce tableau frappant qu'en a fait M. Louis Blanc dans son *Histoire de la Révolution* (1) :

« Lorsqu'on passe en revue les innombrables
« obstacles qu'à la veille de la Révolution le pauvre

---

(1) *Histoire de la Révolution*, par Louis Blanc, tome I, page 482.

« valide devait absolument franchir pour exercer
« une profession, pour arriver à vivre de son tra-
« vail, on demeure saisi de douleur et presque
« d'épouvante.

« Et d'abord, chaque maître ne pouvant avoir
« plus d'un apprenti, trouver un maître était une
« première difficulté. — L'apprentissage était la
« seconde; les frais s'élevaient à une somme si
« considérable, que beaucoup mouraient avant
« d'y atteindre. — Il n'en coûtait pas moins de
« 500 livres.

« L'apprentissage durait sept ans en moyenne,
« et, après cela, commençait une seconde servi-
« tude, celle du compagnon. Arrivait enfin le
« moment d'être reçu dans la maîtrise; mais ici
« l'attendaient de nouveaux obstacles, souvent
« insurmontables.

« Voilà quelles barrières se dressaient, de dis-
« tance en distance, sur la route du travail, au
« moins devant l'*étranger;* car on appelait ainsi
« quiconque avait le malheur de n'être pas fils de
« maître, tant la ligne de démarcation était pro-
« fonde entre la bourgeoisie et le peuple! — Au
« prolétaire *étranger*, tout le mal; au fils de
« maître, toutes les faveurs. Que le fils du maître

« travaillât chez son père jusqu'à l'âge de dix-sept
« ans, on ne lui en demandait pas davantage, et il
« se trouvait compagnon de droit. Pour lui, dans
« la plupart des corps, ni frais et formalités d'ap-
« prentissage, ni obligation de chef-d'œuvre.

« Comment s'étonner, après cela, du nombre
« formidable de bandits errants par tout le royaume ?
« Fermer les avenues du travail à tant de prolé-
« taires, c'était refouler violemment les moins
« honnêtes dans l'affreuse industrie de la rapine
« et du meurtre.

« Restait la profession de mendiant ; et elle
« avait à son tour ses difficultés officielles, ses
« écoles, ses maîtres, nous allions dire ses jurandes.
« Car, par exemple, recevoir l'aumône à la porte
« des églises constituait un privilége dont les heu-
« reux dépositaires portaient, parmi les pauvres, le
« nom de *trôniers*. Tout le long du XVIIIe siècle,
« on entend le bruit sourd que fait cette armée
« permanente de la misère. De loin en loin, des
« édits sauvages sont rendus pour la contenir,
« l'effrayer.

« Les vagabonds ou gens sans aveu, — porte une
« ordonnance de 1764, — seront condamnés, *encore*
« *qu'ils ne fussent prévenus d'aucun crime ni délit,*

« les hommes de 16 à 70 ans, à trois années de
« galères, les hommes de 70 et au-dessus, ainsi
« que les infirmes, filles et femmes, à être renfer-
« més pendant trois années dans un hôpital. —
« Il y eut un moment où l'on ajouta 3 deniers
« par livre à l'impôt des tailles, et le produit en
« fut employé à bâtir aux mendiants des maisons
« de force. Ils y travaillaient sous le fouet. Mais
« leur travail faisait concurrence à certaines maî-
« trises : elles se plaignirent. — D'ailleurs, entassé
« dans des *renfermeries* infectes, un peuple en
« haillons devait bientôt devenir un embarras
« sinistre. Chaque dépôt était un foyer de hideuses
« maladies, un théâtre sur lequel la mort ne
« paraissait qu'avec le désespoir.

« En 1767, on arrête jusqu'à cinquante mille
« mendiants : c'était trop pour les 33 renfermeries
« du royaume ; on ouvre au superflu de la popu-
« lation les hôpitaux, les ateliers de charité, les
« prisons... Le nombre des affamés va croissant.
« Dix ans plus tard, à la suite de disettes succes-
« sives, on compte jusqu'à un million deux cent
« mille mendiants (1). »

----

(1) Monteil, *Histoire des Français des divers États.*

Quand la Révolution de 1789 éclata, le mal était donc immense ; non seulement le manque de travail se faisait cruellement sentir, mais encore ne pouvait pas travailler qui voulait. Le travail, en effet, n'était pas libre ; les priviléges et les règlements sans fin des corporations, des maîtrises, des jurandes, avaient créé une sorte d'aristocratie de la main-d'œuvre, et le pauvre, sans protections, n'avait même pas le droit de gagner sa vie à la sueur de son front.

Ajoutez à cela que le plus fort de l'impôt pesait sur le peuple, sur le paysan surtout (1) ; que la noblesse et le clergé en étaient en partie exonérés ; que la taille, les gabelles, les droits de douane intérieure, les corvées venaient prendre au travailleur la plus grande partie de son revenu et de son temps. La charité et l'assistance n'avaient, pour

(1) Voir les *Origines de la France contemporaine*, par H. Taine.. — *L'Ancien Régime*, page 543, — 1876, Paris, Hachette et C°.

De 1118 à 1187, l'impôt direct royal s'élevait à :

Fr. 53 16 sur 100 livres de revenu taillable, pour taille, vingtièmes, etc.		
14 28	dito	dito	pour la dîme ecclésiastique.
14 28	dito	dito	pour les droits féodaux.

Fr. 81 71 sur 100 francs de revenu.

Il restait donc au propriétaire taillable Fr. 18.20 p. 100 !

ainsi dire, aucune organisation, et le malheureux était en quelque sorte livré à lui-même.

Voilà ce qu'était la misère dans les temps qui précédèrent la Révolution française; aussi n'est-ce pas sans tristesse qu'on se reporte à ces jours déjà lointains, en songeant à toutes les souffrances matérielles et morales qui accablaient le pauvre.

CHAPITRE II

LA MISÈRE D'AUJOURD'HUI.

La Révolution de 1789 trouve cette grande question de la misère posée, mais non résolue, et avec cette ardeur et cette puissance que fait naître tout grand mouvement social, les hommes de la Révolution, fidèles à leur noble devise : « *liberté, égalité, fraternité* », s'empressent de mettre à l'étude les questions de la mendicité et du paupérisme.

D'abord tous les priviléges de l'ancien régime sont abolis, et la liberté du travail est garantie à chacun. — Les maîtrises, les jurandes, les corvées disparaissent; c'est une immense conquête sur la misère.

Puis un décret de 1793 pose en principe que

l'assistance du pauvre est une dette nationale, et que l'État votera annuellement une somme déterminée, destinée à l'indigence, de la manière suivante :

1° Travaux de secours pour les pauvres valides, dans les temps morts au travail ou de calamité ;

2° Secours à domicile pour les pauvres infirmes, leurs enfants, les vieillards et les malades ;

3° Maisons de santé pour les malades qui n'auraient point de domicile ou qui ne pourraient y recevoir de secours ;

4° Hospices pour les enfants abandonnés, pour les vieillards et les infirmes non domiciliés ;

5° Secours pour les accidents imprévus.

La mendicité sera réprimée, ajoute le décret, et il sera établi dans chaque département des maisons de répression, où le travail sera introduit et où les mendiants seront conduits.

Ce décret contient tout un ensemble d'excellentes mesures ; mais les excès de la Révolution empêchent ces idées généreuses et libérales d'être mises à exécution.

Napoléon, avec son génie administrateur et organisateur, applique quelques-unes des meilleures idées de la Révolution. — Il encourage le travail en venant en aide à l'industrie, à l'agriculture et au commerce; il flétrit l'oisiveté, et, tout en employant ainsi contre la misère les meilleurs moyens préventifs, il développe l'assistance publique et favorise la fondation des hospices et des hôpitaux.

Par le décret du 5 juillet 1808, l'Empereur défend la mendicité dans tout le territoire de l'Empire, et décide la création des *Dépôts de mendicité* pour recevoir tous ceux qui seraient pris mendiant et vagabondant. — Chaque département devait avoir le sien, et, de 1809 à 1814, 77 dépôts de mendicité furent créés. — Les mendiants conduits dans ces établissements devaient y être occupés à des travaux n'excédant pas leurs forces; mais l'oisiveté y était défendue.

Napoléon espère avoir triomphé de la mendicité; mais les années malheureuses qui précédèrent et suivirent la fin de son règne accrurent la misère dans une grande proportion.

La période de 1820 à 1840 voit heureusement terminer l'ère des guerres et commencer celle du développement de l'industrie.

Partout se créent de nouveaux établissements industriels qui fournissent du travail. Mais la condition des ouvriers est encore bien précaire, surtout en ce qui concerne leurs logements, qui inspirent la pitié et même l'horreur. Pour diminuer le poids du loyer, les ouvriers s'entassent souvent dans des bouges infects, sans air et sans soleil, et y croupissent dans la saleté (1). — Qui n'a entendu parler des courettes de Lille, des caves de la rue des Etaques, du quartier Martainville de Rouen ?

L'agglomération des ouvriers dans les grands centres amène aussi d'autres inconvénients; dans les moments de crise et de mévente, le manque de travail occasionne de grandes souffrances qui provoquent quelquefois des émeutes; mais le développement du travail tend à faire augmenter les salaires, et la situation du pauvre devient moins mauvaise.

L'attention générale se porte, du reste, sur les moyens d'améliorer le sort des ouvriers. On commence à sentir passer partout un souffle de liberté, de fraternité et de progrès. C'est l'époque des baron de Watteville, comte Duchatel, baron de Gérando,

(1) Villermé, tome I, pages 80-81.
L'Ouvrier, par Jules Simon, ch. IV. — Hachette et Cie.

duc de Larochefoucauld-Liancourt, L. Naville, Martin d'Oisy, vicomte Armand de Melun, Marbeau et de tant d'autres philanthropes, qui font faire un grand pas aux questions sociales, les uns par leurs écrits et leurs travaux, les autres par la fondation d'œuvres nouvelles.

La législation est remaniée, et la loi du 28 avril 1832 modifie de la manière suivante les règlements sur la mendicité et le vagabondage :

« CODE PÉNAL.— Art. 269.— Le vagabondage est un délit.

« Art. 270.— Les vagabonds ou gens sans aveu sont ceux qui n'ont ni domicile certain, ni moyens de subsistance et qui n'exercent habituellement ni métier ni profession.

« Art. 271.— Les vagabonds ou gens sans aveu, qui auront été déclarés tels, seront, pour ce seul fait, punis de trois à six mois d'emprisonnement, et demeureront, après avoir subi leur peine, à la disposition du gouvernement pendant le temps qu'il déterminera, eu égard à leur conduite. Ils seront renvoyés, après avoir subi leur peine, sous la surveillance de la haute police, pendant cinq ans au moins et dix ans au plus.

« Art. 274.— Toute personne qui aura été trouvée mendiant dans un lieu pour lequel il existe un établissement public organisé, afin d'obvier à la mendicité, est punie de trois à six mois d'emprisonnement, et est, après l'expiration de sa peine, conduite dans un dépôt de mendicité.

« Art. 275.— Dans les lieux où il n'existe pas de ces établissements, les mendiants d'habitude valides sont punis d'un mois à trois mois d'emprisonnement. S'ils sont arrêtés hors du canton de leur résidence, ils sont punis d'un emprisonnement de six mois à deux ans. »

Malgré cette loi, on compte en France, en 1842, environ 230,000 mendiants.

Sous le règne de Louis-Philippe, les questions de charité et de bienfaisance préoccupent sans cesse le gouvernement ; MM. de Gasparin et de Rémusat signalent leur passage au ministère de l'Intérieur par de grandes améliorations dans l'assistance publique ; mais la misère n'en est pas moins grande et la mauvaise récolte de 1847 augmente encore les souffrances du peuple.

C'est alors que les idées socialistes germent dans l'esprit du pauvre.

Les Socialistes de cette époque, Proud'hon, Louis Blanc, Considérant, Pierre Leroux, Félix

Pyat, Ledru-Rollin, rêvent la suppression de la misère, le travail assuré à chacun et croient sérieusement que leurs théories peuvent amener le bonheur général du peuple.

Chacun se souvient des décrets du Gouvernement provisoire, des 24 et 25 février 1848 :

« Les Tuileries serviront désormais d'asile aux « Invalides du travail. »

« Le Gouvernement s'engage à garantir l'existence de l'ouvrier par le travail ; il s'engage à « garantir du travail à tous les citoyens. »

On se rappelle aussi la création de la « Commission de gouvernement pour les travailleurs » et ses travaux.

Ces utopies aboutissent aux journées de Juin et à la dissolution des ateliers nationaux !

A la Constituante, le Comité de Constitution avait inscrit dans la loi : « Le droit au travail et le droit à l'assistance. »

Cette grave et dangereuse question est discutée longuement et sérieusement, et ce droit nouveau est repoussé par la grande majorité de l'Assemblée nationale, qui ne veut pas « substituer, dans l'ac- « complissement des devoirs moraux l'État à l'in-

« dividu et à la famille, de crainte d'amoindrir
« l'accomplissement de ces devoirs (1). »

L'Assemblée législative de 1849 repousse plus
vivement encore toutes ces théories, et la proposition Pelletier, « pour l'extinction de la misère et
l'abolition du prolétariat, » est à peine écoutée.
La majorité répond, avec raison, que le travail doit
être libre, et que c'est par la liberté et la moralité que
les questions morales peuvent seules se résoudre.
Mais, plus pratique que sa devancière, l'Assemblée
législative recherche les moyens de *prévenir* la
misère, et elle s'occupe successivement des caisses
d'épargne, des sociétés de secours mutuels, des
caisses de retraite, des bains et lavoirs publics, des
logements insalubres, du patronage des jeunes dé-
tenus; et elle entame, sans oser la trancher, la
question des enfants trouvés et celle des médecins
cantonaux.

En 1851 elle fait une nouvelle loi sur les hôpitaux et les hospices.

Enfin, le second Empire s'efforce d'améliorer la
situation du pauvre.

---

(1) *Discours de M. Gaslonde*, 13 Septembre 1848.

Notre siècle a compris, bien mieux que les précédents, toute l'importance de cette question; il a reconnu que soulager la misère devait être une des premières préoccupations d'une nation civilisée, et il s'est efforcé de remplir cette tâche.

Il a reconnu surtout que les moyens préventifs étaient bien plus efficaces que l'assistance proprement dite, et les nombreuses institutions, publiques et privées, qui ont été fondées dans ce but ces dernières années, prouvent toute sa sollicitude éclairée à cet égard.

Toutefois, de nos jours, le mal est encore considérable; mais les progrès de la civilisation l'ont rendu bien moins affreux. On ne cite plus de ces malheureux obligés de se nourrir de racines, à peine vêtus, vivant dans des cavernes et pourchassés comme des bêtes fauves; les hôpitaux, les hospices, les bureaux de bienfaisance, la charité privée sont toujours là pour soulager les premières souffrances.

Les mauvais logements des siècles passés, les caves infectes de certaines villes manufacturières, ou les greniers malsains où s'entassaient des familles entières, font place graduellement à des demeures plus vastes et plus saines. L'augmentation constante des salaires (1) a permis à l'ouvrier de mieux se vêtir et de mieux se nourrir; la liberté du travail donne à tout homme actif les moyens de faire son chemin; la situation des pauvres s'est donc améliorée, mais l'ennemi est loin d'être vaincu.

Ce qui paraît certain, et ce qu'il est bon de constater (2), c'est que, si la misère a malheu-

---

(1)   PRIX MOYEN DES SALAIRES.

	1808	1868
Terrassier	Fr. 2,25	4,—
Tailleur de pierre	3.25	5,50
Maçon	3.25	5.25
Charpentier	3.—	6.—
Vitrier	3.—	5.—
Peintre	4.25	5.—

	1835	
Fileurs de coton	2.25	4.—
Tisseurs	1.25	2.25

Statistique de la France, par Maurice Block, tome II, page 442.

(2) Il y avait à Paris en :

1789	1 indigent sur	5.03	habitants.
1813	»	5.69	»
1818	»	8.08	»
1829	»	12.13	»
1838	»	15.28	»
1847	»	14.25	»
1856	»	16.59	»
1866	»	17.12	»
1872	»	17.50	»

Économiste français, 12 Septembre 1874. — A. Husson.

reusement existé dans tous les temps, elle était beaucoup plus répandue dans l'antiquité et au moyen âge, que de nos jours, où elle est vigou‑reusement combattue et où la liberté et la charité l'ont bien diminuée.

La misère était alors, la plupart du temps, la conséquence fatale de mauvaises lois et d'une civi‑lisation peu avancée; tandis qu'elle dépend beau‑coup plus aujourd'hui de l'individu lui-même et de sa propre conduite.

DEUXIÈME PARTIE

CAUSES ET CONSÉQUENCES DE LA MISÈRE.

Les causes de la misère sont multiples : les unes, générales, économiques ou accidentelles, sont indépendantes de la volonté de l'individu ; les autres, morales, engagent la responsabilité de l'indigent et doivent lui être imputées. — Les unes sont permanentes et veulent une assistance régulière et suivie ; les autres ont un caractère particulier et réclament des secours préventifs.

On peut les diviser en deux classes principales : les *causes matérielles ou accidentelles*, et les causes *morales ou permanentes*.

CHAPITRE I

CAUSES MATÉRIELLES OU ACCIDENTELLES.

Ces causes sont très-connues ; tantôt c'est l'âge, les infirmités, les maladies ; tantôt les accidents, la perte ou le départ du chef ou du soutien de famille, l'abandon des parents âgés par les enfants, des femmes par leurs maris.

L'industrie avec ses variations, ses transformations incessantes, ses crises, ses chômages; l'insuffisance des salaires, qui peut provenir de la concurrence des travailleurs entre eux ou du manque de débouchés des produits manufacturés; dans les centres agricoles l'absence de travail pendant l'hiver, ou la suppression d'une industrie locale et individuelle qui est remplacée par le travail mécanique dans les grands centres; le défaut de protection pour le travail des femmes; l'infériorité professionnelle des ouvriers des campagnes attirés dans les villes; toutes ces causes amènent fatalement le paupérisme.

Les intempéries d'un mauvais climat, un hiver particulièrement rigoureux, qui nécessitent une nourriture plus substantielle et des vêtements plus chauds; un sol peu productif ou malsain, des récoltes insuffisantes, qui occasionnent la cherté des denrées alimentaires, et conséquemment le renchérissement de la vie, provoquent aussi l'indigence.

Toutes ces causes matérielles ou accidentelles

méritent d'attirer l'attention de la charité individuelle, comme celle plus étendue et plus puissante
de la charité publique.

CHAPITRE II

CAUSES MORALES OU PERMANENTES.

Quant aux causes morales de la misère, elles
sont beaucoup moins bien définies, tout en ayant
des conséquences plus fâcheuses et plus terribles
encore.

« L'ivrognerie, dit M. Paul Bucquet (1), la
« fréquentation des cabarets, des cafés, qui ruinent
« la santé et font perdre l'amour du travail, res-
« sortent unanimement de l'enquête comme la
« cause principale, essentielle du paupérisme. La
« paresse, le chômage du lundi, l'inconduite, le
« désordre, le jeu, le goût du luxe, le besoin de
« bien-être, de jouissances sans travail, sont pres-
« que partout constatés.

« L'imprévoyance, souvent volontaire et calcu-

----

(1) Rapport des Inspecteurs généraux des Etablissements de Bienfaisance —
en date du 1er Décembre 1874 — à l'enquête sur les Bureaux de Bienfaisance.— Ministère de l'Intérieur (Imprimerie Nationale, 1874).

« lée, le peu de sagesse dans l'emploi du salaire,
« le défaut d'ordre dans la direction du ménage,
« le manque d'activité, d'énergie morale et l'ab-
« sence de dignité qui fait préférer l'aumône au
« travail, la certitude du secours, la distribution
« d'aumônes sans entente, sans contrôle, amènent
« rapidement l'ouvrier à demander l'aide de l'as-
« sistance publique et le maintiennent ensuite dans
« une indigence presque incurable.

« L'ignorance, le défaut d'éducation morale et
« religieuse, l'inaptitude professionnelle sont des
« causes certaines de misère, auxquelles on peut
« remédier et qui doivent éveiller toute la solicci-
« tude des pouvoirs publics. »

Cette dernière cause, l'ignorance est, je crois, une des principales sources de la misère.

L'ignorance empêche l'homme de produire tout ce dont il est capable; beaucoup d'occupations, et des plus lucratives, lui sont interdites s'il ne sait rien; l'instruction, au contraire, lui ouvre bien des carrières.

Mais la conséquence la plus fâcheuse de l'ignorance, c'est qu'elle prive l'homme de quelques-uns des meilleurs moyens qui sont à sa disposition pour lutter contre ses passions.

Que d'erreurs, que de mauvais sentiments, que de passions déréglées la lecture seule de la Bible ne fait-elle pas disparaître? Mais encore faut-il pouvoir se servir de la Bible. De quelle utilité peut-elle être pour celui qui ne sait ni la lire ni la comprendre?

On répète qu'une demi-instruction est plus à redouter qu'une ignorance complète, parce que celui qui ne sait pas grand' chose lit de préférence de mauvais livres et subit leur influence pernicieuse.

Ce raisonnement peut-il être soutenu sérieusement? Ne prouve-t-il pas trop pour prouver quelque chose, et s'il était mis en pratique ne nous ramènerait-il pas bien loin en arrière?

La demi-instruction, qui est fréquente, offre sans doute plus d'un danger; mais c'est là, pour nous, une raison de plus de nous occuper de ceux qui n'ont que cette demi-culture, et de nous efforcer de compléter leur éducation?

Sur cette terre où nous ne sommes qu'en passage il y a lutte continuelle entre le bien et le mal; nous trouvons ce dernier à chaque pas; à nous de le combattre et de nous efforcer de le vaincre; or, l'instruction, par le fait seul qu'elle permet la lecture de la parole de Dieu, peut déjà produire un bien immense.

L'ignorance est donc une des principales causes morales de la misère. Elle amène à sa suite l'inconduite, l'ivrognerie et tout ce cortége de mauvaises passions qui dégradent l'homme au physique et au moral.

L'ivrognerie provient-elle uniquement de la passion de boire? — Je ne le crois pas, et il me semble que bien souvent elle n'est que la conséquence du désœuvrement et d'un manque d'éducation.

Après le travail de la journée, l'homme qui n'a aucun développement intellectuel ne sait que faire chez lui; s'il avait un peu d'instruction il lirait, soit pour lui, soit pour sa femme et ses enfants, il aurait son *Petit journal illustré* et quelques-uns de ces bons livres dont la lecture présente toujours un nouvel intérêt. Mais, privé de cette ressource et n'ayant pas à sa disposition de distractions honnêtes, nécessaires dans toutes les classes, il va au cabaret rejoindre ses amis aussi ignorants et aussi désœuvrés que lui.

Le cabaret est la source de tous les déréglements; là, le jeu, les mauvaises connaissances, les idées fausses, les mauvais propos se donnent rendez-vous; on s'y excite par l'abus des boissons alcooliques, et on en sort presque toujours la poche vide et l'esprit hanté par des pensées malsaines.

Il existe aussi des gens que la paresse a fait tomber dans la misère et qui préfèrent mendier que de gagner leur vie en travaillant.

Ceux-là ne sont pas intéressants, mais la paresse peut être vaincue, et le jour où la charité sera bien organisée, l'exploitation des gens charitables par les paresseux ne pourra plus avoir lieu, et l'aiguillon de la nécessité suffira pour les corriger.

On peut signaler encore l'imprévoyance parmi les causes morales de la misère. L'ouvrier ne compte pas ordinairement avec l'avenir; quand il a une occupation régulière, il ne songe souvent pas assez au chômage possible, ni à la maladie, ni au renchérissement de la vie; il vit ainsi au jour le jour, sans trop s'inquiéter du lendemain.

Il arrive aussi que l'ouvrier se marie trop jeune, avant d'avoir un gagne-pain suffisant, ou bien les enfants se succèdent avec une rapidité tout à fait en disproportion avec l'augmentation du salaire.

Notre siècle a vigoureusement combattu l'imprévoyance par l'association, par les caisses d'épargne et de retraite et par les sociétés de secours mutuels, dont nous parlerons plus tard; mais le manque de prévoyance persiste néanmoins, et on ne saurait trop le répéter, il est une des causes de souffrance les plus fréquentes dans les classes ouvrières. Le paysan, par tempérament et peut-être par la nature même de ses occupations, est plus prévoyant que l'ouvrier.

Améliorer moralement l'individu sera donc toujours le grand remède du paupérisme, et le meilleur moyen de l'appliquer sera de commencer par la femme. — N'est-ce pas la femme qui fait l'éducation de l'homme, qui le forme, qui le guide dès son jeune âge! Il faut donc s'occuper d'elle tout d'abord, car des femmes instruites, pures, laborieuses, simples, économes, sachant tenir leur intérieur avec ordre et propreté, prépareront une nouvelle génération plus s' ase et plus instruite, et par cela même combattront, de la meilleure manière, les défauts et les vices dont nous venons de parler.

Ces causes morales, qui sont si nombreuses et qui s'étendent si loin, ne peuvent être combattues que par des remèdes moraux; il ne peut pas y avoir pour elles d'hospices, d'hôpitaux, de bureaux de bienfaisance, mais on peut les attaquer par les grandes ressources de la charité préventive, par l'instruction, la moralisation, la religion, dont nous étudierons, un peu plus loin, tous les effets.

CHAPITRE III

CONSÉQUENCES DE LA MISÈRE.

Les conséquences de la misère peuvent être envisagées à deux points de vue différents, car les unes sont *matérielles* et les autres *morales*.

Faut-il dépeindre ici les souffrances du pauvre ? Faut-il jeter un regard dans son triste logis, le montrer, lui et les siens à peine vêtus, souffrant de la faim, du froid, de la maladie, ne sachant pas comment il nourrira ses enfants le lendemain ? — Non, chacun connaît ces intérieurs désolés où la joie et le bonheur ne pénètrent jamais.

La souffrance est donc la première conséquence de la misère ; il faut y joindre la mendicité, plaie qui s'aggrave bien vite ; on commence, en général, par être discret et par s'adresser à une seule personne, mais peu à peu on trouve qu'il est moins fatigant de demander que de travailler, et le mendiant élargit son cercle d'action. — Au bout de peu de temps, il passe d'une famille à une autre, multiplie ses relations, exploite tantôt l'une, tantôt l'autre, et trouve ainsi très commode de se faire, sans grand effort, un petit revenu.

Il est facile de comprendre combien un pareil état de choses est démoralisant. Il fait perdre l'habitude du travail, encourage l'oisiveté, mère de tous les vices, et a pour conséquences certaines, la tromperie et le mensonge. En effet, le mendiant en arrive à inventer des maux, et, spéculant sur la sensibilité des âmes, il raconte des histoires lamentables et veut montrer des plaies horribles, etc.

Tôt ou tard, la vérité est reconnue; ceux qui ont été trompés deviennent défiants et sont d'autant moins disposés à donner; la conduite du mendiant trompeur fait donc tort à ceux qui méritent réellement de la commisération.

La mendicité à domicile est plus grave encore à la campagne qu'à la ville. Certains jours on voit passer dans les campagnes des bandes de mendiants qui vont de ferme en ferme et de château en château, réclamant, souvent avec menaces, de l'argent ou du pain.

Dans les villes, la police leur inspire de la crainte

et les retient dans certaines limites, mais à la campagne ils sont beaucoup plus libres et plus exigeants.

Enfin il y a la mendicité sur la voie publique, qui devient souvent un métier, se perpétuant de père en fils. La mendicité se confond alors avec le vagabondage et engendre le vol et la débauche.

Voilà les résultats *matériels* de la misère : des souffrances sans nombre pour les individus, et la mendicité, cette plaie sociale.

Les conséquences *morales* sont plus tristes encore. Le malheureux qui croit ne pas pouvoir sortir de peine perd courage, son énergie l'abandonne, et il se laisse aller souvent à l'indifférence la plus complète. Tout n'est pas perdu cependant, on peut espérer le relever en venant à son secours. Mais lorsque la mendicité est devenue une sorte de carrière dans laquelle on se résigne à vivre, l'individu perd tous les nobles sentiments que la Providence lui avait donnés; tombant chaque jour plus bas, il est incapable d'élever ses enfants autrement que pour en faire des mendiants comme lui ou pis encore.

Et dire, cependant, que dans cet homme il y avait une âme, un cœur, de nobles facultés! qu'il était fait pour aimer, pour agir, pour progresser, pour honorer Dieu; que tous ces dons admirables se sont perdus, n'ont rien produit que du mal, et que cette âme immortelle devra se présenter un jour devant le tribunal de Dieu pour rendre compte de sa vie !

N'y a-t-il pas là, pour le philanthrope moraliste, comme pour le chrétien, une grande responsabilité et un grand devoir, et ne devons-nous pas, en face du mal que nous voyons, que nous connaissons, nous efforcer de le vaincre, en luttant de toutes nos forces contre la misère et ses terribles conséquences ?

TROISIÈME PARTIE

REMÈDES CONTRE LA MISÈRE.

CHAPITRE I

MOYENS EMPLOYÉS JUSQU'ICI POUR LUTTER CONTRE LA MISÈRE. LEUR INSUFFISANCE.

Les moyens dont on peut se servir pour lutter contre la misère sont de deux sortes : l'*Assistance* et les *moyens préventifs*.

Jusqu'ici le premier de ces remèdes a principalement été employé aussi bien par la charité publique que par la charité privée.

L'*Assistance publique*, en général bien organisée en France, se divise en assistance de l'Etat, du département et de la commune. Il a été admis que c'était surtout à la commune que revenait le soin de ses pauvres et de ses malades; néanmoins il a paru juste que le département d'abord et ensuite l'Etat prissent à leur charge les misères d'un ordre général.

Ainsi l'Etat possède et dirige un certain nombre d'hospices, désignés sous le nom d'ETABLISSEMENTS GÉNÉRAUX DE BIENFAISANCE; tels sont : l'*Asile des aliénés*, de Charenton, les *Quinze-Vingts* pour les aveugles, les *Sourds-Muets* de Paris, les *Sourds-Muets des deux sexes* de Chambéry, les *Sourdes-Muettes* de Bordeaux, les *Jeunes-Aveugles*, l'*Hospice du Mont-Genèvre*, l'*Asile de Vincennes* pour les ouvriers convalescents, et l'*Asile du Vésinet* pour les femmes convalescentes. Les hôpitaux militaires, administrés par le ministère de la guerre, doivent aussi être rangés au nombre des établissements à la charge de l'Etat.

C'est à cela que se borne la part directe du gouvernement, mais sa part indirecte est considérable et s'étend sur presque tous les établissements charitables. Il en a la tutelle; il en nomme les commissions administratives, les directeurs, les économes, les receveurs, et en exerce la surveillance au moyen de ses inspecteurs généraux.

Le département, à son tour, possède et dirige, sous la surveillance de l'Etat, un certain nombre d'établissements charitables, tels que les *asiles d'aliénés*, les *dépôts de mendicité*, les *colonies agricoles*, les *enfants assistés*, etc.

Enfin la commune s'occupe des *hôpitaux*, des *hospices de vieillards*, *d'infirmes et d'enfants trouvés*, des *bureaux de bienfaisance*, des *monts de piété*, etc., que ces établissements aient été fondés par elle ou qu'ils doivent leur existence à des fondateurs et donateurs particuliers. Dans ce dernier cas, elle représente en quelque sorte les fondateurs sous la tutelle de l'Etat.

Telle est, en quelques mots, l'organisation générale de l'assistance publique.

Quant à la *charité privée*, son action est considérable et s'exerce sous mille formes diverses. Le plus souvent elle agit d'une manière cachée au moyen de dons ou de secours directs, mais c'est à elle aussi qu'on doit la création des *crèches*, des *salles d'asile*, des *ouvroirs*, des *écoles professionnelles et d'apprentissage* et d'un grand nombre d'asiles divers. Beaucoup d'hôpitaux, et même de bureaux de bienfaisance ont été fondés également par la charité privée ou religieuse, et ne sont tombés sous la tutelle administrative qu'après la mort de leurs fondateurs.

Les *moyens préventifs* ont été employés jusqu'ici

beaucoup plus par l'initiative individuelle que par l'Etat; ainsi les *caisses d'épargne et de retraite* ont été fondées par des particuliers, bien qu'elles soient aujourd'hui entre les mains du gouvernement; les *sociétés de secours mutuels*, les *cités ouvrières*, les *associations coopératives* sont toutes des œuvres individuelles que l'Etat encourage et subventionne quelquefois.

On est étonné, en examinant même rapidement les moyens actuels de combattre le paupérisme, de voir combien la charité préventive a été moins développée que l'assistance proprement dite. Or, pour arriver à de bons résultats, ces deux moyens d'action doivent être employés simultanément.

Les hospices, les hôpitaux, les bureaux de bienfaisance rendent de grands services, mais on se plaint en général de leur insuffisance et de leur petit nombre. On trouve avec raison que les villes sont à peu près seules à en profiter, et que l'assistance dans les campagnes est beaucoup trop limitée.

Et cependant la misère y est souvent très-grande, surtout dans les années de mauvaise récolte ou de chômage; ce dernier cas devient de plus en plus fréquent par suite du remplacement graduel des industries à la main par les machines.

Le tissage des étoffes de coton et de laine, qui se faisait autrefois à la main, dans la chaumière du paysan, était pour lui et sa famille, surtout pendant l'hiver, une excellente ressource et un utile appoint au travail des champs, mais aujourd'hui le tissage se fait presque toujours mécaniquement et dans les villes; de là encore une des causes les plus actives de la dépopulation des campagnes.

Les soins médicaux sont organisés aussi d'une manière très-défectueuse dans les campagnes, et de nombreuses populations sont loin d'avoir les médecins et les pharmaciens qui leur seraient nécessaires.

Il est évident qu'il y a là une grande lacune dont l'Assemblée nationale s'est, du reste, occupée, car dès 1871, elle a nommé, sur la proposition de M. Lestourgie, une commission chargée de faire une enquête parlementaire sur l'organisation de l'assistance publique dans les campagnes. Peu après, la proposition de M. Eugène Tallon, sur l'organisation générale de l'assistance publique et l'extinction de la mendicité, lui fut renvoyée ainsi que celle de MM. Roussel et Morvan, sur l'organisation de l'assistance médicale dans les campagnes.

Dans un premier rapport du 17 juin 1873,

M. Eugène Tallon, rapporteur, s'exprimait ainsi (1) :

« L'impérieuse nécessité d'organiser l'assistance
« d'une manière étendue se fait peu sentir, il est
« vrai, dans les grandes villes; la charité, si féconde
« en ressources, y pourvoit aux plus pressants
« besoins; mais cette nécessité s'impose rigoureu-
« sement dans nos campagnes reculées, où sou-
« vent encore règne l'angoisse et s'appesantissent
« les étreintes de la faim dans les temps de crise. »

Cette même question a été reprise par MM. Richard Waddington, Thiessé et Savoye, qui ont déposé à ce sujet, à la Chambre des députés, un projet de loi en date du 7 avril 1876.

Les conseils généraux consultés ont réclamé généralement l'institution de bureaux de bienfaisance dans toutes les communes. Quelques-uns, trouvant la commune trop petite, ont demandé des comités cantonaux chargés, dans toute l'étendue du canton, de distribuer les secours nécessaires et d'organiser un service médical et pharmaceutique.

---

(1) Enquête parlementaire sur l'organisation de l'Assistance publique dans les campagnes, 1873 ; — Rapport sur l'Assistance médicale dans les campagnes, 1874.— Versailles, Cerf et fils, imp.

La plupart d'entre eux ont reconnu la nécessité absolue d'organiser l'assistance médicale dans les campagnes, plutôt par commune ou groupe de communes que par canton ou circonscription plus grande. Ils ont aussi demandé une répression plus sévère de la mendicité et surtout la création de mesures de prévoyance, telles que caisses d'épargne, sociétés de secours mutuels, etc.

« La question des institutions d'épargne et de « prévoyance domine celle de l'assistance, dit le « rapporteur ; là ou règne l'épargne disparaît l'in- « digence. »

Puis plus loin :

« On ne peut manquer d'être frappé de l'unité « de vues, de l'énergie et de l'ensemble des affir- « mations qui se sont manifestées sur certains « progrès à réaliser, notamment l'extension du « nombre des bureaux de bienfaisance, l'organisa- « tion des secours médicaux à domicile, la créa- « tion enfin de ressources spéciales pour les besoins « de l'assistance. »

L'insuffisance des moyens actuels à la disposition de l'assistance publique, surtout pour ce qui concerne les soins médicaux à la campagne, est donc bien constatée ; il en est de même pour la répression de la mendicité. En effet, dans presque toutes nos villes, on est assailli par des malheureux, souvent infirmes, mais quelquefois valides, et, ce qui est plus fâcheux encore, par des enfants qui sollicitent l'aumône dans la rue ou à domicile.

Dans les campagnes, la même chose a lieu, et on y rencontre souvent des troupes de gens qui parcourent tout un canton, à jour fixe, pour réclamer un secours.

En présence de ces faits, on est obligé de reconnaître l'impuissance des remèdes actuels et la nécessité d'en chercher de nouveaux.

Sans doute la charité individuelle vient, dans les campagnes comme dans les villes, au secours de la charité publique; mais, en raison de son manque d'entente et d'organisation, elle facilite souvent l'oisiveté et la tromperie.

Loin de moi la pensée qu'il convienne d'empêcher le malheureux de s'adresser à de plus heureux que lui; mais ce qu'il faut interdire à tout prix, c'est cette habitude de beaucoup de pauvres de s'adresser à vingt familles différentes et à plusieurs institutions en même temps, pour obtenir de chacune d'elles un petit secours qui leur permette ainsi de vivre sans travailler.

Or, je ne connais pas de métier, car cela devient un métier, plus dégradant et plus avilissant; l'exemple du père et de la mère est suivi par les enfants, qui eux-mêmes sont dressés quelquefois à simuler la faim, pour exciter la compassion des passants. Que deviennent, dans la suite, ces pauvres petits misérables?

Une organisation générale de la charité, meilleure et plus complète, dont les œuvres existantes formeraient la base, mais auxquelles on ajouterait d'autres institutions, ayant surtout pour but de *prévenir* la misère, me paraît donc nécessaire.

Cette organisation comprendrait à la fois la charité publique et la charité privée.

Sans doute l'Etat a son rôle, mais l'individu doit avoir le sien; la charité publique ne peut pas absorber la charité privée. Peut-on remplacer auprès du malheureux les douces paroles et les consolations religieuses données par cette femme dévouée qui va trouver le pauvre chez lui? Ce patronage bienveillant de l'ami du pauvre, qui, par amour de son prochain, s'efforce de faciliter sa vie en lui procurant du travail, de placer ses enfants, d'en faire des hommes utiles et instruits, peut-il se faire par une administration? Non, la charité individuelle ne sera jamais remplacée, elle est nécessaire, mais son action peut être facilitée et rendue plus efficace.

Qu'on laisse à chacun sa tâche; que l'Etat, la commune, les associations, l'individu, aient chacun la sienne, mais qu'une entente intelligente facilite les résultats et permette de remédier à l'insuffisance des moyens actuels. C'est ainsi que cette grave question de l'assistance, si difficile mais si importante, sera, sinon résolue, du moins considérablement avancée.

CHAPITRE II

LA CHARITÉ TELLE QU'ELLE DEVRAIT ÊTRE ORGANISÉE.

Nous ne sommes plus au temps où on cherchait le remède contre la misère dans des combinaisons factices, dans l'intervention de l'Etat, rendu responsable de tout le mal, ou même dans un remaniement complet de l'organisation sociale.

L'étude, à la fois théorique et pratique, faite en 1848, a démontré que, dans les questions de travail, de misère, d'assistance, l'Etat ne peut pas se substituer à l'individu, qu'il ne peut pas garantir à chacun « du travail et du pain » et que le communisme et ses belles promesses ne sont que des utopies.

La misère n'est pas toujours la conséquence de malheurs indépendants de la volonté de l'homme, elle est trop souvent le résultat de ses propres fautes. N'exigeons donc pas de l'Etat qu'il décrète l'abolition de la misère; il n'est pas en son pouvoir de le faire, mais cherchons à la diminuer, grâce à l'initiative individuelle; et comme il est généralement reconnu aujourd'hui que l'assistance ne peut pas être le *droit* du pauvre, mais qu'elle est le *devoir* de la société, remplissons tous ce devoir et occupons-nous d'organiser la charité aussi bien que possible.

Nous avons vu que, pour s'exercer d'une manière complète, elle doit être à la fois publique et privée. Ceux qui voudraient qu'elle fût uniquement laissée à l'initiative individuelle ne sont pas plus dans le vrai que ceux qui la voudraient purement administrative.

La charité peut être envisagée à deux points de vue bien différents : *l'assistance* et *la charité préventive.*

Jusqu'en 1789, la première manière de voir

dominait, l'assistance et la répression étaient les grands moyens de combattre la misère; mais la civilisation moderne a reconnu qu'il y avait mieux à faire, et, avec le comte Duchatel, elle a dit : « La bienfaisance est un remède salutaire, mais « mieux vaut *éviter* le mal que d'avoir à employer « le remède. »

Par la charité préventive, il faut donc empêcher le pauvre de tomber dans la misère, et la voie étant toute préparée, il n'est pas nécessaire, pour avoir une bonne organisation charitable, de changer tout ce qui existe et de remplacer par un système nouveau ce qui a été fait jusqu'ici.

Le progrès se réalise bien plus sûrement en améliorant ce qui existe qu'en voulant le remplacer.

Il importe donc de se servir des moyens qui sont à notre disposition en les améliorant par les enseignements de la science, comme par l'étude de ce qui se fait dans les pays voisins. Adopter les bons résultats, ne pas viser à l'absolu, profiter de l'expérience des autres, organiser enfin nos moyens d'action de telle manière qu'ils puissent, dans la mesure du possible, répondre à tous les besoins et seconder toutes les bonnes volontés, — tel est notre devoir.

L'organisation de la charité me paraît donc devoir être divisée en plusieurs parties et de la manière suivante :

1° L'assistance publique ou administrative;

2° L'assistance privée ou individuelle;

3° La charité préventive, publique ou administrative;

4° La charité préventive, privée ou individuelle.

C'est dans cet ordre que, successivement, j'indiquerai la part qui revient à chacune d'elles, l'organisation qui lui serait nécessaire et les moyens les plus propres à atteindre le but.

CHAPITRE III

ASSISTANCE PUBLIQUE OU ADMINISTRATIVE.

L'assistance publique ou administrative doit comprendre, ce me semble, tous les cas généraux de misère et s'occuper de tous les établissements ayant pour but de recueillir ou de soigner les malades et les infirmes atteints de maux particuliers qui exigent l'intervention de l'administration dans un intérêt public. L'administration, qui représente l'universalité des citoyens, peut seule avoir l'esprit de suite et faire les frais nécessaires dans certains cas où les ressources des individus, même réunis en société, seraient tout à fait insuffisantes.

Ainsi les hôpitaux, les hospices, les asiles d'incurables, les dépôts de mendicité, les bureaux de bienfaisance, les monts de piété rentrent complétement dans le domaine de la charité publique et doivent être laissés à la direction administrative.

Je ne veux pas dire par là qu'il ne doit pas y avoir d'hospices ou d'asiles particuliers; je pense, au contraire, qu'il convient en général de laisser la plus complète liberté à l'initiative individuelle et de ne la contrarier en rien; si donc certaines personnes ou certaines sociétés civiles ou religieuses créent des hospices, des asiles ou même des hôpitaux, il faut les encourager, car elles allègent d'autant le fardeau général.

Nous allons étudier maintenant l'organisation actuelle des hospices et les améliorations dont ils seraient susceptibles.

§ 1. — *Hospices et Hôpitaux.*

Les *hospices* sont des établissements de bienfaisance publique, dans lesquels on reçoit :

1° Les vieillards indigents et valides des deux sexes;

2° Les incurables indigents des deux sexes;

3° Les orphelins pauvres;

4° Les enfants trouvés et abandonnés;

5° Des vieillards valides et incurables à titre de pensionnaires.

Les *hôpitaux* sont des établissements qui reçoivent :

1° Les malades civils des deux sexes, enfants et adultes, atteints de maladies aiguës ou blessés accidentellement;

2° Les malades militaires ou marins;

3° Les galeux, les teigneux, etc.

Il arrive très-fréquemment que ces deux genres d'établissements de bienfaisance sont réunis en un seul.

Les hospices et hôpitaux régis par la loi sont administrés par une commission administrative de cinq membres nommés par le préfet; le maire en est président de droit et le curé, le pasteur et le rabbin en font également partie.

Ils doivent avoir un économe et un receveur nommés par le préfet et peuvent avoir un directeur. *Le service intérieur est confié, en général, à* des sœurs hospitalières. Ces religieuses sont placées, au temporel, sous l'autorité des commissions administratives, et, au spirituel, elles sont soumises à l'évêque diocésain.

Le service sanitaire est fait par des médecins, chirurgiens et pharmaciens nommés par la commission administrative; il est complété par des internes et des infirmiers.

L'admission des malades est prononcée, en général, par les administrateurs ou, en leur absence, par le directeur ou l'économe. Elle ne peut être accordée ordinairement, sauf les cas d'urgence, que sur la présentation du certificat d'un médecin constatant la maladie et d'un autre certificat, soit du maire, des ministres d'un culte, du bureau de bienfaisance ou enfin d'un commissaire de police attestant l'indigence du malade.

Les vieillards, infirmes et incurables, ne sont admis, en général, qu'après décision des administrateurs. Les aliénés ne sont reçus que sur la réquisition du maire, enfin les enfants trouvés, abandonnés ou orphelins, ne sont admis que sur un arrêté du préfet ou sous-préfet du département.

Voilà les principales règles d'admission dans les

hôpitaux et les hospices, mais elles varient nécessairement dans chaque établissement (1).

Quant à la comptabilité, on doit suivre, à son égard, les règles de la comptabilité communale. Un budget des recettes et dépenses présumées doit être préparé chaque année et approuvé par le préfet, après avis du conseil municipal.

Les hospices et les hôpitaux sont divisés, avec raison, en trois classes : 1° ceux de l'Etat, qui reçoivent les personnes du pays tout entier atteintes d'infirmités graves et relativement rares, telles que

----

(1) A l'Hospice du Havre, pour faire admettre un malade indigent, il faut se présenter muni d'un certificat de Médecin, constatant la maladie, et d'un autre certificat du Maire, du Bureau de Bienfaisance ou d'un Commissaire de police attestant l'indigence du malade.

Le certificat du Médecin peut être délivré tous les jours, sauf le Dimanche, par le Docteur faisant le service de la consultation à l'Hôpital, de 8 à 9 heures du matin.

En cas d'urgence, le malade est reçu sans pièces.

L'admission des vieillards et infirmes est prononcée par la Commission administrative qui s'assemble tous les Mardis à l'Hospice. Les postulants doivent s'adresser au préalable à la direction pour fournir des renseignements propres à établir leur situation pécuniaire et celle de leur famille. Ils doivent, en outre, justifier qu'ils sont originaires de la Ville, ou qu'ils y demeurent depuis trois ans sans interruption.

Les enfants trouvés, abandonnés et orphelins ne sont admis que sur un arrêté du Sous-Préfet, ou en cas d'urgence avec une lettre du Maire.

Les malades, vieillards et infirmes des communes des cantons Nord du Havre et de Saint-Romain, peuvent être reçus à l'Hôpital, mais seulement lorsque la commune a pris l'engagement de payer leurs frais de séjour.

Les étrangers malades ne peuvent être admis que sous la caution de leurs Consuls, Capitaines ou Armateurs.

les aveugles et les sourds-muets; 2° ceux du département, admettant les infirmes ou les malades du département atteints de maladies graves, tels que les fous, les lunatiques, etc.; 3° ceux de la commune, recevant les personnes de la commune même, atteintes de maladies ou d'infirmités ordinaires.

Voici un tableau qui indique leur nombre et leur importance à différentes époques (1) :

ANNÉES	NOMBRE des hôpitaux ou hospices	NOMBRE des malades et infirmes	NOMBRE de lits	DÉPENSES
1789..	1.224 éval.	110.000	» éval.	20.000.000
1847..	1.270 »	486.000	126.142 »	74.254.988
1861..	1.495 »	431.932	155.862 »	87.135.477
1871..	1.473 »	655.502	161.370 »	82.490.499
1872..	1.482 »	507.498	162.340 »	88.150.917
1873..	1.481 »	480.127	161.520 »	93.269.888

L'organisation actuelle des *hospices* et des *hôpitaux* est bonne, néanmoins quelques améliorations pourraient y être introduites.

S'il ne peut être question de venir en aide d'une manière obligatoire à toutes les misères, celles qui

---

(1) Statistique de la France, 1873.— Imprimerie Nationale.

proviennent de l'imprévoyance, de la mauvaise conduite, de la paresse, par exemple, une exception devrait être faite cependant, en faveur des *malades* indigents, et ils devraient être reçus, non-seulement dans les hôpitaux de leur commune, mais encore dans les hôpitaux de la circonscription dans laquelle ils tombent malades.

Actuellement, par les articles 3 et 4 de la loi du 7 août 1851, les malades et incurables indigents des communes privées d'établissements hospitaliers *peuvent* être admis aux hospices et hôpitaux du département désignés par le conseil général, suivant un prix de journée déterminé. Les communes qui *veulent* profiter de cette faculté doivent en supporter la dépense, et, dans le cas où leurs ressources seraient insuffisantes, le département peut leur venir en aide.

Cette *faculté* ne paraît pas suffisante, et comme il ne faut pas qu'aucun malade indigent puisse être exposé à souffrir et à mourir faute de moyens d'assistance, il serait désirable que cette faculté devînt une obligation.

Mais il n'est pas indispensable que le malade soit traité à l'hôpital, il peut être soigné à domicile, et cette dernière manière de lui venir en aide est bien préférable à la première, sous tous les rapports.

De tout temps, elle a été recommandée par les hommes les plus compétents (1), tels que MM. de Watteville, Husson, etc. Les soins à domicile sont moins coûteux qu'à l'hôpital, les guérisons sont en général plus rapides, la famille n'est pas séparée, enfin les hôpitaux sont moins encombrés, et il ne devient plus nécessaire de les agrandir sans cesse.

Ajoutons qu'un grand nombre de malades craignent l'hôpital comme s'ils devaient y trouver la mort, et ne consentent à s'y laisser transporter que lorsqu'ils sont déjà très-gravement atteints.

Avec les soins et les secours médicaux à domicile, ils auraient été traités bien plus tôt, car ils n'auraient pas attendu d'être très-malades pour réclamer le secours du médecin de l'hôpital.

A tous les points de vue donc, il serait désirable que les secours médicaux à domicile reçussent une grande extension ; donnés la plupart du temps par les bureaux de bienfaisance, ils devraient l'être

---

(1) Situation administrative et financière des Hôpitaux et Hospices, 1869, tome I, page 24 et suivantes.— Publication du Ministère de l'Intérieur.

plutôt par les hôpitaux, dont les revenus sont bien plus considérables..

En Angleterre, on a reconnu depuis longtemps tous les avantages des soins médicaux à domicile, et les principaux hôpitaux de Londres traitaient, dès 1860-61, 222,000 malades à domicile, contre 32,000 seulement à l'intérieur.

La loi du 4 mai 1873 a facilité, du reste, le traitement des malades à domicile, en autorisant les hospices à employer un quart, et dans certains cas un tiers de leurs ressources à ce genre de secours.

Une autre observation doit être faite au sujet des hospices, relativement à la loi de 1873, qui, contrairement au passé, a décidé que les commissions administratives seraient nommées par le préfet, sur une liste présentée par la commission elle-même.

Il est généralement reconnu que ce système a pour conséquence de perpétuer les mêmes membres, qui ne peuvent guère faire autrement que de se renommer entre eux.

Or, l'homme est ainsi fait, qu'il s'habitue à la longue à voir les choses d'une certaine façon, et que la routine risque quelquefois de prendre le pas sur les idées nouvelles.

Pourquoi les commissions administratives des établissements charitables ne seraient-elles pas nommées par les conseils municipaux? L'opinion des élus de la commune n'offre-t-elle pas plus de garantie que celle du préfet, presque toujours étranger à la localité?

En tous cas, l'élément municipal devrait y être représenté beaucoup plus largement; il indique par excellence l'opinion de la majorité des citoyens, il a sa confiance et devrait avoir une large place dans les œuvres charitables, d'autant plus que beaucoup de communes donnent de fortes subventions à leurs hospices, hôpitaux et bureaux de bienfaisance.

Il faut éviter que ces établissements ne tombent dans les mains d'une coterie, car il en résulte presque toujours des difficultés avec les administrations locales, alors que pour arriver à de bons résultats les tendances devraient être les mêmes.

Ces modifications faites, il y a peu de changements à opérer dans l'organisation intérieure des hospices et des hôpitaux. Il est généralement reconnu que le service hospitalier est parfaitement fait en France; on se plaint seulement du nombre insuffisant de ces établissements et de leur encombrement.

Ce n'est pas qu'il convienne de faire d'immenses bâtiments, la science moderne les condamne au contraire, et recommande d'en diminuer l'importance, mais il est absolument urgent d'en augmenter le nombre.

Ainsi, en 1872, il n'y avait en France que 1,482 hospices ou hôpitaux pour 35,926 communes et 2,836 cantons !

Pour compléter l'organisation de cet indispensable moyen d'assistance, il faudrait que chaque chef-lieu de canton, au moins, eût son hôpital, dans lequel tous les malades ou les infirmes du ressort seraient admis.

Les frais de l'établissement seraient supportés par toutes les communes du canton, au prorata de leur population et au moyen de centimes spéciaux qui seraient votés à cet effet.

Dans le cas où le maximum de ces centimes, accordé par la loi, ne suffirait pas, le département et au besoin l'Etat viendraient à leur secours par des subventions.

La fondation d'un hospice n'est pas nécessairement très-coûteuse; il n'est pas indispensable de construire un vaste bâtiment monumental et compliqué; un ou plusieurs pavillons séparés à rez-de-chaussée sont bien préférés par l'hygiène moderne et rempliraient parfaitement le but dans la plupart des cantons. En effet, le nombre des malades ou infirmes n'y est, en général, pas considérable, et, dans des circonstances spéciales, il est toujours possible de s'entendre avec un grand hospice d'une ville voisine pour y transférer, moyennant pension, quelques infirmes ou abandonnés.

Les petits hospices cantonaux devraient être dispensés de toutes les formalités exigées dans les grands; leur comptabilité étant simplifiée, ils ne seraient pas tenus d'avoir un receveur et un économe, et on s'efforcerait de leur éviter des frais qui ne seraient pas en rapport avec leur importance. Dirigés, comme les autres, par une commission administrative, un de ses membres pourrait faire fonction de directeur, receveur ou économe.

En dehors des grandes villes et des grands centres, chaque canton ayant son hospice-hôpital, on peut dire que la partie la plus essentielle de l'assistance publique serait organisée en France. De cette manière, chaque malade pauvre, chaque infirme, chaque vieillard abandonné serait certain de trouver un asile, au moins momentané.

Mais cet hospice cantonal aurait d'autres avantages : il deviendrait le centre de la distribution des secours médicaux et pharmaceutiques dans les campagnes. Il est bien reconnu aujourd'hui, et la dernière enquête parlementaire (1) l'a prouvé, que ce service n'existe pour ainsi dire pas dans les campagnes, et qu'il est indispensable de l'y organiser.

Sans doute, s'il était possible d'en établir un dans chaque commune, ce serait préférable, mais la plupart d'entre elles sont trop petites ou trop pauvres pour qu'une organisation sérieuse de ce genre puisse être entreprise.

Que toute commune ait la faculté de créer un hospice ou d'établir les secours dont nous parlons, rien de mieux, mais il semble que, pour commencer, il serait prudent de ne l'exiger que du chef-lieu de canton.

La commission administrative de chaque hospice cantonal serait chargée d'organiser et de surveiller le service des secours médicaux et pharmaceutiques dans son canton.

Ici se présente la délicate question du choix des médecins et des pharmaciens. On a reconnu bien

---

(1) Enquête parlementaire sur l'organisation de l'Assistance publique dans les campagnes, 1873-1874.— Versailles, Cerf et fils, Imp.

des inconvénients au système qui consiste à prendre, à cet effet, un médecin et un pharmacien spéciaux. Le choix en est d'abord difficile, et on ne parvient que rarement à contenter tout le monde. Puis les malades n'aiment pas qu'on leur impose un médecin; ils n'ont, en général, confiance que dans celui qu'ils choisissent eux-mêmes.

Le mieux serait donc de s'entendre avec tous les médecins de bonne volonté du canton, et de convenir avec eux qu'ils iraient visiter, aux frais de l'hospice et suivant un tarif déterminé, les malades pauvres qui s'adresseraient à eux.

Les mêmes conventions pourraient exister avec les pharmaciens, qui s'engageraient à fournir les remèdes à des conditions spéciales, mais il serait peut-être préférable, et en tous cas plus économique, de faire distribuer les remèdes par la pharmacie de l'hospice cantonal, où en même temps on pourrait organiser des consultations gratuites et des pansements.

La création d'un hospice-hôpital, dans chaque chef-lieu de canton, au moins, centre et point de départ des secours médicaux à la campagne, paraît donc répondre à une urgente nécessité, et il est grandement à désirer que bientôt l'organisation hospitalière soit complétée par une loi qui établira ce service dans toute la France et donnera à la commune ou au canton, suivant le cas, le droit de nommer les commissions administratives.

§ 2. — *Bureaux de Bienfaisance.*

Tandis que les hospices et hôpitaux ont pour but de recevoir, dans des établissements publics, les malades ou les infirmes indigents et les enfants abandonnés, les bureaux de bienfaisance sont destinés à distribuer aux indigents, à domicile, les secours dont ils peuvent avoir besoin.

Ces secours consistent principalement en pain, soupe, vêtements, combustible, quelquefois un peu d'argent, et, dans les cas de maladie, en remèdes et en aliments fortifiants.

Les pauvres assistés sont, en général, divisés en deux classes : ceux qui ne doivent être secourus que temporairement et ceux chargés de famille ou n'ayant plus leur soutien naturel, qui sont secourus annuellement ou d'une manière permanente.

Les bureaux de bienfaisance sont dirigés par une commission administrative de cinq membres, nommés par le préfet; le maire en est, de droit, président; les ministres du culte en font également partie.

Ils ont un receveur et un ordonnateur; le premier reçoit les fonds et solde les dépenses en suivant les règles de la comptabilité communale, le second ordonnance les dépenses.

Chaque année un budget en recettes et en dépenses est dressé par la commission administrative et doit être approuvé par le préfet, après avis du conseil municipal.

Les recettes se composent du produit de souscriptions, de troncs, de quêtes et de collectes, de dons et de legs, d'une certaine part dans la perception établie sur les amusements publics, et les concessions dans les cimetières, enfin des allocations des conseils municipaux.

Les bureaux de bienfaisance peuvent nommer, pour la distribution des secours, un certain nombre de membres-adjoints ou de dames, ils peuvent également confier ce soin à des sœurs de charité qui vont à domicile visiter les pauvres.

En dehors des cas accidentels où un aide temporaire peut être donné sans condition, on n'admet, en général, aux secours que les veuves, les vieillards, les infirmes ou les familles composées d'un grand nombre d'enfants.

Voici quelques statistiques sur les bureaux de bienfaisance en France (1) :

ANNÉES —	NOMBRE de communes	NOMBRE des bureaux	BUREAUX par 100 communes	DÉPENSES —	NOMBRE d'individus secourus	MOYENNE des secours par indigent
1836.	37.140	6.466	17	»	»	»
1841.	37.040	7.482	20	»	»	»
1846.	36.819	8.484	23	»	»	»
1851.	36.835	11.378	31	»	»	»
1861.	37.510	11.578	31	24.023.193	1.159.530	»
1871.	35.989	12.867	36	26.719.002	1.347.386	16.82
1872.	35.926	12.963	36	24.780.446	1.302.579	15.71
1873.	35.926	12.989	36	25.821.161	1.312.847	16.64

Quoique les bureaux de bienfaisance (2) soient d'une utilité moins généralement reconnue que

---

(1) Statistique de la France, 1873.— Imprimerie Nationale.

(2) Pour être assisté par le Bureau de Bienfaisance du Havre, il faut s'adresser à la Sœur directrice au bureau central rue de la Mailleraye, n° 1, ou à ses succursales rue des Pénitents, n° 51 ; rue Kléber, n° 18, et rue des Abattoirs, n° 14.

Voici les principales conditions exigées :

1° Tous les indigents à quelque nation ou religion qu'ils appartiennent, peuvent être admis à recevoir des secours, s'ils sont domiciliés au Havre depuis une année au moins, ou mariés depuis six mois ;

2° Ne peuvent être admis aux secours, les individus valides de l'un et l'autre sexe, âgés de plus de 18 ans et de moins de 60 ans. Cette exclusion ne

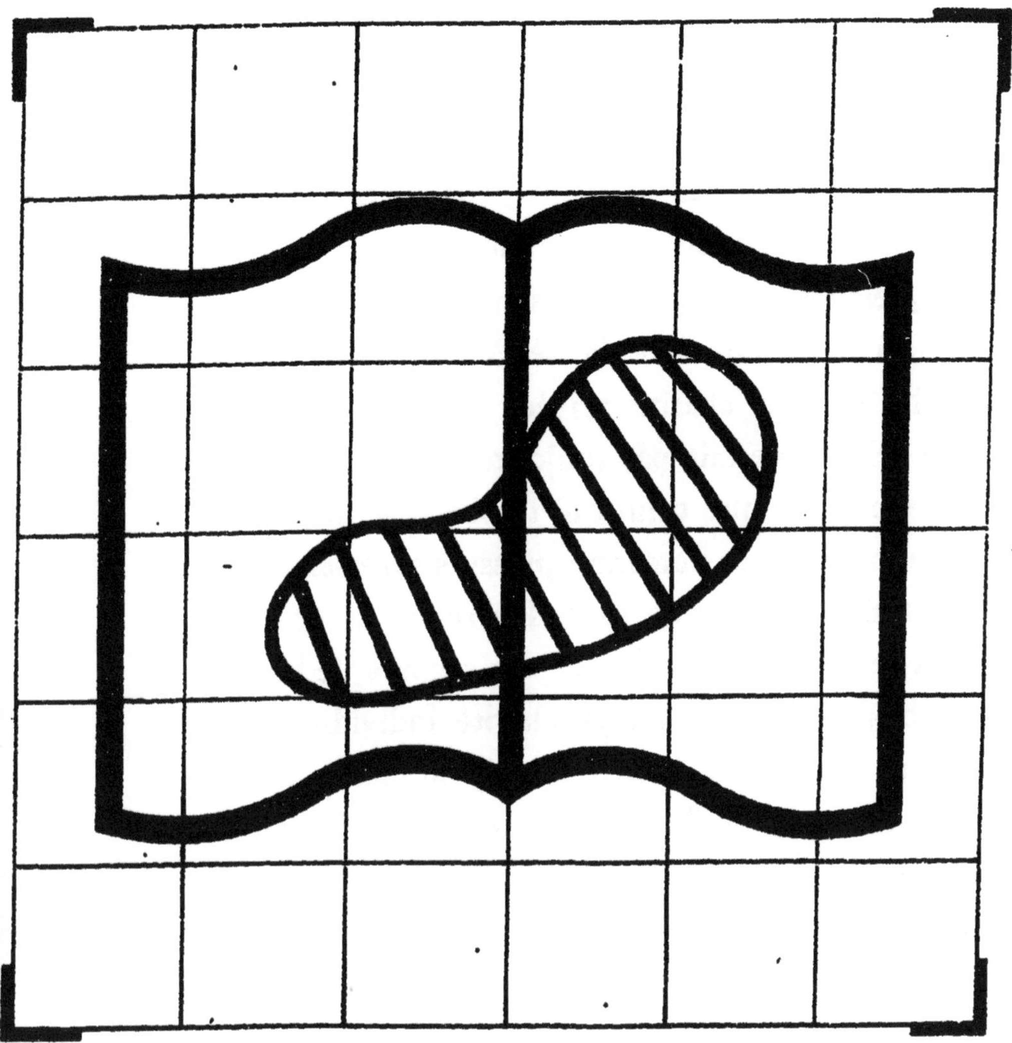

les hospices et les hôpitaux, ils n'en sont pas moins leur complément nécessaire.

Quelques personnes pensent que le soin des indigents devrait être laissé à l'initiative individuelle et à la charité privée, mais sans compter que celle-ci ne fait pas toujours son devoir, il est indispensable que celui qui tombe dans la misère et qui ne connaît personne puisse s'adresser à une institution connue de tous. Du reste, en centralisant les renseignements et les secours, le bureau de bienfaisance a, sur la charité individuelle, le grand avantage d'être beaucoup moins exposé à être trompé, et de pouvoir discerner bien plus exactement le pauvre digne d'être secouru, de celui qui ne mérite aucune aide.

C'est donc une institution utile et nécessaire;

---

s'applique pas aux veuves ayant des enfants en bas âge, *ni aux pères de famille ayant au moins quatre enfants au-dessous de 15 ans;*

3° Peuvent être assimilés aux pères de famille ceux qui sont le soutien de frères ou sœurs en bas âge. Sont considérées comme veuves, les femmes notoirement abandonnées par leurs maris, sans qu'il y ait aucune inconduite à leur imputer.

4° Parmi les indigents secourus *temporairement*, on comprend les blessés, les malades, les femmes en couche ou nourrices, les enfants abandonnés, les orphelins, ceux qui se trouvent dans des cas extraordinaires imprévus.

Parmi les indigents secourus *annuellement*, on comprendra les aveugles, les paralytiques, les cancéreux, les infirmes, les vieillards de 65 ans et au-dessus, les chefs de famille surchargés d'enfants en bas âge.

elle ne prend pas la place de la charité privée et ne peut pas être remplacée par elle. Du reste, elle s'appuie sur l'individu au moyen des commissaires ou des dames patronesses, qui l'aident à visiter les pauvres, et, par ses quêtes, elle fait appel aux particuliers et fournit ainsi à ceux qui ne peuvent pas s'occuper directement des malheureux, l'occasion de contribuer néanmoins à leur faire du bien.

On adresse quelquefois aux bureaux de bienfaisance des critiques dont il est nécessaire de dire quelques mots. On leur reproche souvent de faire des différences entre les assistés suivant la religion qu'ils professent, et de secourir de préférence ceux qui suivent les pratiques religieuses qui leur sont recommandées, encourageant ainsi l'hypocrisie et une dévotion feinte.

Ces reproches s'adressent notamment aux sœurs de charité, qui se laissent entraîner quelquefois sur cette pente, par trop de zèle confessionnel. A part cette observation parfois méritée, tous ceux qui les ont vues à l'œuvre n'ont que des éloges à leur adresser pour leur dévouement et leur amour du prochain. Leur tâche n'est pas aisée et souvent elle est bien ingrate : passer sa vie à voir souffrir les autres, à visiter des logements humides, sales, malsains, voir sans cesse toutes les misères morales et matérielles les plus tristes, c'est une rude besogne dont elles s'acquittent d'une manière bien remarquable.

Il n'en est pas moins vrai que les secours des bureaux de bienfaisance doivent être donnés sans égard pour les opinions politiques et religieuses des malheureux.

On reproche aussi aux bureaux de bienfaisance d'avoir des frais trop considérables et de ne distribuer que les quatre cinquièmes de leurs recettes, le reste étant absorbé par les frais généraux.

Cette proportion n'a rien d'extraordinaire, car, si on veut visiter le pauvre à domicile, il faut avoir un nombreux personnel. Il est de première importance d'aller voir le pauvre chez lui, et souvent, par quelques conseils et quelques paroles encourageantes, on fait autant de bien que par un secours matériel.

On dit encore que les sommes distribuées par les bureaux de bienfaisance, tout en étant considérables, sont réparties entre un si grand nombre de personnes que chaque individu secouru reçoit à peine, en moyenne, 16 francs par an, et qu'une somme aussi minime ne peut être d'aucune utilité réelle. Beaucoup de personnes pensent qu'il vaudrait mieux secourir moins de pauvres et le faire complétement, de manière à les retirer de la misère.

Il est prudent, d'abord, de se méfier des moyennes, elles sont souvent trompeuses ; ainsi, les bureaux de bienfaisance donnent non-seulement des secours permanents, mais encore des secours temporaires, qui ne durent souvent que quelques jours, en cas de maladie par exemple, et qui n'en figurent pas moins dans les statistiques, ce qui fait que la somme de 16 francs n'est pas un maximum qui ne se trouve pas dépassé.

Il faut évidemment s'efforcer de faire sortir de la misère, même au prix de sacrifices importants, ceux qui, sans un vigoureux effort, sont condamnés à y rester, car il convient d'éviter à tout prix la pauvreté héréditaire ; mais si la moyenne des secours, par individu, est faible, il ne faut pas en conclure que ces secours n'ont pas été utiles. — En effet, six livres de pain par quinzaine, par exemple, ou du charbon à jour fixe pendant l'hiver, donnent une bonne journée à bien des familles, et un vêtement de temps à autre, une layette ou des chaussures pour un enfant, lors même que cela ne se répète pas souvent, n'en facilitent pas moins une vie où tout est si difficile. — Puis, il ne faut pas oublier les soins médicaux donnés gratuitement par le médecin du Bureau, les remèdes distribués à la pharmacie, les petits pansements faits avec tant de soin par les sœurs, les soupes données dans les grands froids; tout cela a bien son importance.

Tels qu'ils existent, les Bureaux de Bienfaisance sont un puissant moyen de soulager la misère, mais leur nombre n'est pas suffisant. Ainsi, en 1873, sur 35,926 communes, il n'y en avait que 12,989 !

L'enquête parlementaire de 1872-73 a montré combien il était indispensable d'en créer de nouveaux. La grande majorité des personnes consultées s'est prononcée en faveur de l'établissement d'un Bureau dans chaque commune (1).

64 conseils généraux ont été de cet avis; la plupart des commissions administratives des Hospices et des Bureaux de Bienfaisance existants, ont répondu dans le même sens, et ces derniers ont

---

(1) Rapport sur les résultats de l'Enquête parlementaire sur l'organisation de l'Assistance publique dans les campagnes, par M. Eugène Tallon. — Versailles, Cerf et fils, imp.

demandé que tout au moins un comité de secours y fût organisé.

En principe, la création d'un Bureau de Bienfaisance dans chaque commune est désirable, mais est-elle possible?

Il convient ici de donner le détail de la population des communes, d'après le recensement de 1872 (1). Ce sera la meilleure réponse à cette question.

Communes au-dessous de 100				habitants.	603
do	de	101 à	200	»	3.175
do	de	201 à	300	»	4.574
do	de	301 à	400	»	4.498
do	de	401 à	500	»	3.743
do	de	501 à	1.000	»	10.807
do	de	1.001 à	1.500	»	4.074
do	de	1.501 à	2.000	»	1.957
do	de	2.001 à	2.500	»	800
do	de	2.501 à	3.000	»	551
do	de	3.001 à	3.500	»	307
do	de	3.501 à	4.000	»	211
do	de	4.001 à	5.000	»	232
do	de	5.001 à	10.000	»	281
do	de	10.001 à	20.000	»	117
do	de	20.001 et au-dessus		»	69
	Nombre total des communes...				35.989

(1) Statistique de la France, par Maurice Block, tome I, page 44, 1875. — Paris, Guillaumin et Cie.

Dans une commune de moins de 500 habitants est-il possible de créer un Bureau de Bienfaisance, avec une Commission administrative, un ordonnateur, une comptabilité, etc.? Un simple Comité de secours serait déjà difficile à organiser.

Eh bien! 16,583 communes sur 35,989 se trouvent dans ce cas, et les communes de 1,000 habitants et au-dessous sont au nombre de 27,390.

Dans ces conditions peut-on exiger que chaque commune ait son Bureau de Bienfaisance? Je ne le pense pas.

Convient-il d'organiser la charité par canton, et d'avoir ainsi un Bureau de Bienfaisance cantonal? Je ne le pense pas non plus; cela ne serait guère praticable, les distances étant souvent considérables dans un même canton, et, selon toute probabilité, ce serait inefficace.

Du reste, la commune seule est en mesure d'apprécier justement la position et les besoins de ses membres; c'est donc elle qui doit être le point de départ des secours à distribuer, comme c'est à elle que doit revenir tout naturellement cette charge.

Il semble donc qu'il conviendrait de prendre à ce sujet les décisions suivantes :

1° Un Bureau de Bienfaisance devra être établi dans chaque commune de plus de 1,000 habitants.

2° Dans les communes de moins de 1,000 habitants, un Comité de secours suffira. Ce Comité sera nommé par le Conseil municipal.

3° Le Conseil général aura la faculté de dispenser de cette organisation les communes dans lesquelles elle serait inutile ou inapplicable, de même qu'il pourra autoriser plusieurs communes à se réunir pour former entre elles une seule circonscription.

4° Les Bureaux de Bienfaisance et les Comités de secours seront libres de faire leur règlement et de secourir les pauvres comme ils le jugeront convenable, et toutes les fois que leur budget ne dépassera pas 5,000 francs, ils seront dispensés des règles de la comptabilité administrative, ce qui ne devra pas les empêcher de soumettre leurs comptes à l'approbation du Conseil municipal.

5° Le Maire de la commune sera de droit leur président, et les Conseils municipaux auront la faculté de voter jusqu'à concurrence de 2 centimes additionnels aux quatre contributions directes pour subvenir aux frais d'assistance.

Dans ces conditions, l'assistance publique serait

organisée, je crois, d'une manière aussi pratique et aussi complète que possible; les malheureux seraient secourus par les Bureaux de Bienfaisance et par les Comités de secours de chaque commune; les malades le seraient par le Service de l'Assistance médicale et pharmaceutique des hospices cantonaux. Ces deux formes de la charité publique se compléteraient ainsi mutuellement.

Une loi nouvelle sur l'assistance publique devient donc aujourd'hui une nécessité, et il est à désirer qu'en cherchant à organiser la charité sur des bases solides, on la fasse dépendre principalement de la commune, tout en lui laissant le plus de liberté et d'initiative possibles. En effet, l'assistance est avant tout une charge communale; il est donc important que le Conseil municipal nomme les membres des Commissions administratives et des Comités de secours.

En laissant aux électeurs eux-mêmes le soin d'apprécier quels sont les hommes de la commune les plus dignes de remplir ce rôle important, on évitera bien des tiraillements et bien des difficultés. C'est ainsi qu'on formera des citoyens et qu'on aura des institutions auxquelles chacun sera heureux de prêter son concours.

Il est intéressant, avant de quitter ce sujet, de comparer la quotité de l'assistance publique dans les principaux pays de l'Europe (1) :

		DÉPENSE par indigent secouru
Grande-Bretagne	F.	184.20
Bavière	»	73.57
Norwége	»	72.87
Pays-Bas	»	48.38
Wurtemberg	»	45.—
Autriche	»	37.32
Belgique	»	14.82
France	»	11.55

§ 3. — *Monts de Piété.*

Créés dans le principe pour combattre l'usure, les Monts de Piété, dont l'origine italienne remonte au XVe siècle, ont pour but de faire des avances sur gages à ceux qui, ayant un pressant besoin d'argent, n'ont d'autres moyens de s'en procurer qu'en donnant, en garantie d'un emprunt, des meubles, des vêtements et des objets mobiliers.

---

(1) Statistique de la France, par Maurice Bloch. tome I, page 827, 1875.... Paris, Guillaumin et Cie.

Les Monts de Piété prêtent donc sur gages, moyennant un intérêt déterminé, qui est suffisant pour couvrir leurs frais et leurs risques, et qui varie généralement entre 8 et 12 %.

La durée du prêt est en général de six mois; mais il peut être renouvelé. Ce n'est que dans le mois qui suit l'expiration du prêt que la vente a lieu, s'il n'y a pas eu renouvellement.

Voici quelles sont les formalités nécessaires : 1° réception des objets mobiliers apportés en nantissement; 2° appréciation de la valeur des objets; 3° engagement, prêt et reconnaissance; 4° renouvellement de l'engagement, s'il y a lieu; 5° dégagement et remboursement du prêt; 6° vente des objets engagés, s'il n'y a eu, à l'échéance du prêt, ni renouvellement ni paiement.

Les Monts de Piété sont administrés par une Commission administrative de 5 membres, nommés par le Préfet, et pris un tiers dans le Conseil municipal, un tiers parmi les Administrateurs des Établissements de bienfaisance, un tiers parmi les citoyens de la commune. — Le Maire en est le président de droit.

Un Directeur ou Agent responsable, nommé par le Préfet, est chargé de la direction de l'établissement; il est aidé dans sa charge par un Caissier et un Garde-Magasin, tous les deux ayant déposé un cautionnement, comme le Directeur.

L'estimation et la vente des objets sont faites par des Commissaires-Priseurs qui prélèvent la commission à laquelle ils ont droit. mais qui sont responsables de leurs estimations.

Comme les autres Établissements de bienfaisance, les Monts de Piété sont aptes à recevoir des dons et legs, et ils sont tenus à observer toutes les règles de la comptabilité communale.

Leurs opérations sont en général considérables, ce qui prouve leur utilité. Ils offrent une précieuse ressource, dans un moment de gêne, à ceux qui, ne connaissant personne pour leur venir en aide, ou trop fiers pour aller solliciter un secours, ne sauraient se procurer un peu d'argent. Ils les mettent à l'abri des prêteurs à la petite semaine, et rendent ainsi des services signalés qui sont généralement appréciés.

Quoique l'intérêt prélevé par les Monts de Piété soit souvent très-élevé, ils n'en sont pas moins utiles et occupent une place importante parmi les institutions créées pour venir au secours des classes souffrantes. Aucune amélioration ne nous paraît devoir y être apportée.

Voici un tableau qui indique le nombre des Monts de Piété en France, et l'importance de leurs opérations (1) :

ANNÉES	NOMBRE des monts de piété	NOMBRE d'articles servant de gage	SOMMES PRÊTÉES	MOYENNE des prêts
1843...	41	2.608.026	34.621.344	13.27
1848...	41	2.209.819	24.938.324	11.28
1853...	41	2.589.893	32.720.506	12.63
1864...	41	2.830.308	47.683.916	16.85
1869...	41	2.792.284	48.063.250	17.21
1871...	42	2.401.214	33.007.895	13.75
1872...	42	2.772.358	45.886.876	16.55
1873...	42	3.066.631	52.110.426	16.98

§ 4. — *Dépôts de Mendicité.*

Les dépôts de mendicité sont des Établissements dans lesquels on détient et on nourrit : 1° les pauvres valides qui n'ont ni asile, ni ressources, ni la force de travailler ; 2° les mendiants, après

---

(1) Statistique de la France, 1873.— Imprimerie Nationale.

qu'ils ont subi leur peine, jusqu'au moment où l'administration croit pouvoir les remettre en liberté. Ces derniers sont contraints au travail.

Les dépôts de mendicité tiennent le milieu entre la prison et l'hospice; ils n'offrent ni les rigueurs de l'une ni les douceurs de l'autre. Ce sont des Établissements publics, départementaux, placés sous la direction du Préfet.

Un Directeur salarié les dirige, sous la surveillance d'un Conseil d'administration de 5 membres, renouvelable chaque année par cinquième et nommé par le Ministre de l'Intérieur.

Ils sont aptes à posséder, à acquérir et à recevoir des dons et des legs, comme tous les autres établissements reconnus d'utilité publique.

Les sexes y sont séparés, et tous les individus valides sont contraints au travail. A cet effet des ateliers sont organisés pour différents genres de travaux.

Les deux tiers du produit du travail de chaque individu sont remis au Directeur de l'Établissement pour couvrir les frais d'entretien du détenu, et l'autre tiers est mis en réserve pour lui être donné lorsqu'il sort de l'Établissement.

A la fin du siècle dernier, on avait déjà tenté

l'Établissement de dépôts de mendicité; mais leur organisation complète est due à Napoléon Ier. Le décret de 1808 décida que chaque département en posséderait un, et le Code pénal de 1810 régla leur situation, et délimita la mendicité par les articles 274, 275 et 276.

L'article 274 est ainsi conçu : « Toute personne « qui a été trouvée mendiant dans un lieu pour « lequel il existe un Établissement public organisé, « afin d'obvier à la mendicité, est punie de trois « à six mois d'emprisonnement, et est, après l'ex- « piration de sa peine, conduite dans un dépôt de « mendicité. »

A la suite du décret de 1808, presque chaque département eut son dépôt de mendicité; mais peu à peu leur nombre diminua, et il n'en reste plus aujourd'hui que 42.

Un certain nombre de départements qui en sont privés s'entendent avec un dépôt voisin pour y envoyer leurs mendiants; mais dans beaucoup de localités on se plaint vivement de ne pas en avoir, car, d'après la loi, il est à peu près impossible d'interdire la mendicité dans un département qui en est privé.

Or, dans une société civilisée, la mendicité doit

être supprimée. Je ne dis pas qu'il ne soit pas possible d'employer contre elle d'autres remèdes, et j'indiquerai même, plus loin, ce que la charité privée pourrait faire à cet égard; mais il me paraît tout à fait nécessaire d'avoir des Dépôts de mendicité, ou tout au moins des colonies agricoles, tant pour ces pauvres infirmes qui, pour obtenir une aumône, viennent exposer leurs plaies sur la voie publique, ce qui ne devrait pas être toléré et ce qui peut avoir de fâcheuses conséquences, que pour ces mendiants de profession, qui voudraient vivre aux dépens des autres sans travailler.

A ces divers titres, ces Établissements rendent de bons services et sont un utile complément de l'Hospice et du Bureau de bienfaisance.

Quoiqu'il soit difficile de corriger un mendiant endurci, on s'efforce dans les Dépôts de mendicité d'avoir une action morale et religieuse sur ceux qui s'y trouvent, pour tâcher de les retirer de la mauvaise voie dans laquelle ils sont engagés.

L'enquête parlementaire de 1872-73 a fourni à leur égard des renseignements et des avis très-contraires; mais il n'en est pas moins vrai que, si les Dépôts de mendicité étaient supprimés, comme quelques personnes le demandent, le nombre des mendiants augmenterait considérablement.

Dans l'ensemble de nos institutions philanthropiques, ces Établissements doivent donc avoir leur place; leur organisation est bonne; ils sont en général bien administrés et bien dirigés. La seule observation qui puisse être faite à leur égard, c'est qu'il conviendrait de les placer, autant que possible, à la campagne, plutôt que dans les villes. Ils deviendraient alors, en quelque sorte, des colonies agricoles, ce qui serait une transformation désirable, car non-seulement le grand air est favorable à la santé, mais le travail des champs, tout en étant plus sain que celui de l'atelier, a aussi une influence morale beaucoup meilleure.

Voici quelques statistiques sur les Dépôts de mendicité en France (1) :

ANNÉES	NOMBRE de dépôts de mendicité	NOMBRE d'individus	SOMMES dépensées
1853.............	21	4.773	722.515
1871.............	30	6.170	939.060
1872.............	42	7.710	1.038.081
1873.............	45	8.883	1.019.820

(1) Statistique de la France, 1873. — Imprimerie Nationale.

Tel devrait être, sans entrer dans tous les détails que le sujet comporte, le rôle de l'*assistance publique*.

Son organisation, qui a été depuis des siècles, et principalement depuis la Révolution de 1789, la préoccupation constante de tant d'hommes distingués, est arrivée en France à un haut degré de perfectionnement ; nos Hospices, nos Hôpitaux, nos différents Asiles, et, en général, nos institutions philanthropiques, sont très-appréciés; on y trouve peut-être un peu trop de réglementation, une trop grande minutie; mais ce sont de ces défauts qui peuvent être facilement corrigés, et il y a peu de chose à y changer.

Il n'y a donc pas un nouveau système d'assistance à créer, il n'y a rien à détruire, il n'y a qu'à développer ce qui existe, à le compléter, et à le relier aux efforts individuels qui doivent être encouragés et dont nous allons nous occuper maintenant.

En associant ainsi toutes les forces vives du pays à la solution du grand problème de la misère, on arrivera à le résoudre, non pas brusquement par un décret, mais graduellement par des améliorations successives.

CHAPITRE IV

ASSISTANCE PRIVÉE OU INDIVIDUELLE.

L'assistance privée ou individuelle doit s'adresser à tous les cas particuliers de misère et rechercher principalement ceux qui ne peuvent pas profiter de l'assistance publique.

Elle peut s'exercer directement d'individu à individu, ou agir par l'association d'un certain nombre de personnes ayant les mêmes idées et le même but. Dans ce cas, elle fonde des sociétés ou des institutions particulières.

Nous allons successivement étudier les divers moyens d'action de l'assistance privée.

§ 1. — *La Charité individuelle.*

« La charité, a dit Vinet (1), est pour le chré-
« tien la raison, le but, l'objet, l'intérêt de la vie. »
· Tu aimeras ton prochain comme toi-même, »

---

(1) Alexandre Vinet, Nouveaux Discours, page 283 — Paris, Sandoz.

nous dit le Christ, et d'un mot il résolut le grand problème de la misère, car aimer, c'est pouvoir.

Si la charité est un devoir absolu pour ceux qui ont de la fortune, il n'est pas nécessaire d'en avoir pour faire le bien; chacun, dans la mesure de ses moyens, peut être utile aux autres, car la charité ne consiste pas seulement à donner, mais surtout à aimer, et souvent une bonne parole, un conseil d'ami valent mieux qu'une aumône. Toutefois, il ne suffit pas de se laisser aller aux bons sentiments de son cœur pour bien faire la charité, il faut encore la faire avec intelligence et discernement. Elle peut s'exercer de trois manières principales : l'aumône dans la rue, la charité chez soi et la visite du pauvre à domicile.

Dans le premier cas, on est attendri par une infirmité, souvent plus apparente que réelle, ou par une misère trop souvent simulée ; mais comment la vérifier ? Il faudrait s'arrêter, parler au pauvre qui vous tend la main; il faudrait surtout lui demander son adresse et aller le voir chez lui. Ce serait bien long, bien ennuyeux. Il est plus facile de tirer quelques sous de sa poche; on craint bien qu'ils ne passent au cabaret plutôt qu'au ménage, mais on se dit qu'il vaut mieux faire l'aumône à neuf individus qui ne la méritent pas que de la refuser à un seul qui en est digne, et on donne.

Dans le second cas, on reçoit les pauvres ou les mendiants chez soi. Le plus souvent, on a laissé à ses domestiques l'ordre de donner un morceau de pain à tous ceux qui se présentent. On ne voudrait pas qu'il fût dit qu'à la porte d'un riche on a refusé un morceau de pain !

D'autres fois, on a son jour de pauvres, une fois par mois, une fois par semaine peut-être. Ce jour-là est bientôt connu, et on voit arriver des files de malheureux qui espèrent obtenir quelque chose.

Cette manière de faire la charité n'est pas meilleure que la première, mais il est des cas où la maîtresse de la maison reçoit elle-même les pauvres, les questionne, leur adresse quelques paroles, et, suivant qu'elle le juge à propos, leur donne des vêtements, des bons de pain, de viande, de charbon ou même un peu d'argent.

Ceci vaut mieux; mais combien on est encore exposé à être trompé !

Enfin, dans le troisième cas, on va visiter le pauvre chez lui. — Ce n'est qu'ainsi qu'on peut se faire une idée exacte de sa position, se rendre compte de sa vie, des causes de son indigence et des moyens qu'il convient d'employer pour le relever.

Faire la charité sans avoir vu la demeure du pauvre, c'est la faire au hasard et produire souvent plus de mal que de bien. Il est donc indispensable, de l'avis de ceux qui s'intéressent aux pauvres, d'aller les visiter chez eux; ce n'est pas qu'une fois l'intérieur d'un pauvre bien connu, on ne puisse lui distribuer chez soi ce dont il a besoin; mais le grand principe doit consister à ne donner que lorsqu'on connaît et qu'on a vu de ses propres yeux.

Et remarquez que ces visites ont un double effet des plus importants.

D'abord, quand le pauvre voit entrer une dame charitable, qui s'intéresse à lui, le questionne, l'encourage, et lui dit quelques bonnes paroles, n'est-ce pas comme un rayon de soleil qui pénètre dans sa mansarde toujours sombre, ou comme un ange qui lui est envoyé par le bon Dieu! — Jugez donc de l'impression salutaire qu'une pareille visite peut produire!

Ou bien, lorsqu'un homme âgé, à cheveux blancs, se donne la peine d'aller visiter une pauvre famille, un ouvrier malade, n'est-ce pas pour eux une démarche qui les honore, qui les relève, et ne reprennent-ils pas courage à la seule pensée qu'ils ont un protecteur et qu'ils ne sont pas délaissés !

Enfin, lorsqu'un jeune homme ou une jeune fille vont apporter dans un intérieur triste et découragé quelques vêtements et quelques secours, qu'ils s'asseyent un instant à côté du lit d'un malade pour lui lire quelques passages de la Bible, ce suprême consolateur, n'y a-t-il pas là pour le pauvre de quoi relever son courage !

Visiter le malheureux chez lui, produit donc les meilleurs effets, n'est-ce pas en effet un des moyens de rapprocher les classes, d'éteindre les haines d'en bas et de diminuer les défiances d'en haut ?

Ne sommes-nous pas tous solidaires, et les souffrances des uns n'ont-elles pas leur contre-coup sur les autres ?

Le pauvre est, du reste, extrêmement sensible ; une visite lui fait souvent plus de plaisir qu'une aumône ; il en garde longtemps le souvenir : elle est un honneur dans son existence déshéritée, et il en est reconnaissant.

Pour les personnes charitables, ces visites ont

aussi un grand avantage. Quand on ne voit jamais de gens plus malheureux que soi, on est facilement disposé à être mécontent de son sort, à ne pas apprécier ce que l'on a, à vouloir davantage, à regarder d'un œil d'envie au-dessus de soi.

C'est le moyen d'être toujours malheureux.

Quand, au contraire, on visite les pauvres, à la vue de leurs souffrances, de leurs difficultés, de leurs préoccupations; en comparant leur vie à la nôtre, on devient humble et reconnaissant.

La charité individuelle est aussi utile à ceux qui donnent qu'à ceux qui reçoivent; il convient donc de l'encourager et de la guider.

Il faut l'encourager, parce que la charité administrative, quelque dévouée qu'elle puisse être, ne remplacera jamais l'action directe d'une âme charitable qui veut se dévouer. La charité publique aura toujours quelque chose de sec et de raide; elle agira forcément d'après certaines règles qui la feront paraître sévère, tandis que la charité individuelle douce et compatissante fait autant de bien à l'âme qu'au corps.

Mais il ne suffit pas de l'encourager, il faut encore la guider; en effet, la pratique de la charité est une science qui a besoin d'être étudiée au même titre que les autres ; il faut que l'organisation de la charité publique nous soit familière, il faut savoir où et dans quelles conditions on reçoit telle ou telle catégorie de malheureux ; il est important de connaître les secours à attendre de chaque établissement et les moyens à employer pour y faire admettre ceux qui ont droit à y être reçus. De là, la nécessité d'une étude spéciale, trop négligée en général.

Il faut encore savoir se renseigner sur les pauvres, être au courant des institutions privées, aussi bien que de celles qui dépendent de la charité publique ; connaître les œuvres diverses qui existent dans tous les pays, pour pouvoir provoquer la création de celles qui seraient utiles à la localité où on se trouve.

La charité individuelle, pour s'exercer avec intelligence, n'est donc pas une chose aussi facile et aussi simple qu'on le pense souvent, mais avec le désir de se rendre utile, on a vite appris les moyens de faire le bien.

Nous venons de voir comment la charité doit s'exercer quand elle agit seule, mais son action peut devenir plus puissante et plus étendue encore par l'association, car l'union fait la force, et les sociétés ou les institutions philanthropiques privées ont cet avantage sur l'individu, que leur action est plus constante et plus durable.

La charité privée, tout en agissant individuellement, doit donc avoir recours à l'association pour exercer l'influence qui lui appartient, aussi devons-nous étudier maintenant quels sont les principaux moyens d'assistance qui sont à sa disposition.

§ 2. — *Crèches* (1).

Les Crèches ont pour but de recevoir et de garder pendant la journée, depuis le premier mois de leur naissance jusqu'à l'âge de 2 ou 3 ans, époque à laquelle ils sont reçus dans la Salle d'asile, les petits enfants pauvres, dont la mère est obligée, pour subvenir aux besoins de la famille, de travailler hors de son domicile.

La mère apporte son enfant à la Crèche dès le

(1) Voir *Dictionnaire d'Economie charitable*, par Martin-d'Oisy, tome VII, pages 708 et suivantes, 1855.— Paris.

Manuel de la Crèche, par F. Marbeau, 1867.— Paris.

matin en allant à l'ouvrage, revient au milieu de la journée pour l'allaiter, et le reprend le soir en retournant chez elle.

Jamais les enfants n'y passent la nuit, et pendant la journée, ils sont gardés, lavés, tenus propres et nourris, soit au moyen de ce que la mère apporte avec elle, si elle ne les allaite pas, soit par la Crèche elle-même.

La rétribution à payer par jour est en général de 20 à 30 centimes.

La fondation des Crèches est due à M. Marbeau, qui, vers 1844, chargé d'inspecter et de faire un rapport sur les Salles d'asile, fut frappé de la solution de continuité qui existait dans l'action de la charité entre la Société maternelle et la Salle d'asile. Il fit une enquête à cet égard, et reconnut qu'un grand nombre d'ouvrières pauvres plaçaient, pendant la journée, leurs petits enfants dans des *garderies* pour pouvoir se rendre à leur travail ; ces garderies ou maisons de sevrage étaient en général mal tenues ; les enfants y étaient mal soignés et y prenaient si souvent des germes de maladie, que la mortalité parmi eux était considérable.

M. Marbeau résolut de les remplacer par une

institution mieux organisée et plus saine, et fonda les Crèches.

Elles se composent en général de deux pièces, d'une petite cuisine et d'une cour ou d'un jardin. Dans une chambre se trouvent les berceaux et les petits lits, dans lesquels on place les enfants qui doivent dormir, et dans l'autre on met le promenoir où les enfants un peu plus grands peuvent jouer, se promener et s'asseoir. En été, on les tient le plus possible au grand air.

L'agglomération des enfants étant toujours fâcheuse, surtout par suite de la facilité avec laquelle ils se communiquent leurs indispositions, on s'efforce de ne pas avoir plus de vingt enfants dans une Crèche, et, dans ce cas, deux femmes suffisent pour les soigner.

Malgré le paiement d'une cotisation, ces Œuvres parviennent rarement à faire leurs frais et restent presque toujours une charge pour leurs fondateurs. On calcule, en général, que chaque enfant revient en moyenne à 40 ou 50 centimes par jour, sans comprendre les frais d'installation qui ne sont, du reste, pas très-coûteux.

Pour les soutenir et pour en encourager la fondation, M. Marbeau a créé la *Société des Crèches,* qui publie un bulletin (1) et qui a pour but de provoquer l'établissement de nouvelles Crèches, de les guider, et au besoin de les subventionner.

Elles peuvent être entièrement libres ou se placer sous le patronage de l'Administration; dans ce dernier cas, elles doivent se conformer à certains règlements; mais, par contre, elles ont l'avantage de pouvoir recevoir des encouragements sur les fonds de l'État. — Dans tous les cas, on ne peut les ouvrir sans l'autorisation préfectorale.

Un médecin les visite chaque jour, et elles sont tenues de n'admettre que des enfants en état de santé et qui ont été vaccinés.

Les services rendus par les Crèches sont incontestables, surtout dans les villes industrielles; mais il faut éviter qu'elles portent atteinte aux sentiments de la famille, sous peine de faire plus de mal que de bien. A cet effet, les enfants des femmes pouvant rester chez elles ne devraient jamais y être admis; les Crèches devraient servir uniquement à celles qui sont obligées d'aller travailler hors de leur domicile.

(1) Pour plus de renseignements, s'adresser à M. Eugène Marbeau, n° 47, rue Joubert, à Paris, Trésorier de la Société des Crèches.

Par cela seul que les Crèches sont de nature à diminuer le nombre des enfants trouvés et abandonnés, en facilitant leur éducation, elles mériteraient déjà d'être encouragées et propagées; c'est une institution utile partout, et qui, dans les villes industrielles, devient presque indispensable.

§ 3. —. *Sociétés protectrices de l'Enfance ou de Charité maternelle.*

Ces Sociétés ont pour but de secourir les femmes en couches et d'encourager l'allaitement des enfants par la mère, pour remédier aux inconvénients qui ont lieu lorsqu'ils sont nourris artificiellement ou placés à la campagne.

Elles donnent en général, à cet effet, une layette et une rétribution mensuelle, pendant un certain nombre de mois, pour permettre à la mère de mieux soigner son nourrisson.

Instituées pour la première fois vers la fin du siècle dernier, sous la protection de la reine Marie-Antoinette, les Sociétés de charité maternelle se sont beaucoup développées ces dernières années.

On en comptait 78 en 1868, et elles avaient employé 662,474 francs à secourir 17,645 familles. Les frais d'administration ne s'étaient élevés qu'à 28,750 francs.

Elles sont autorisées par le Préfet et peuvent être reconnues comme Établissements d'utilité publique. Dans ce cas, elles sont aptes à recevoir des dons et legs.

Ces sociétés rendent les plus grands services, et, pour tous les cas où la mère n'est pas obligée d'aller travailler dans un atelier hors de chez elle, elles sont bien préférables aux Crèches. On ne saurait donc trop en encourager la fondation, d'autant plus qu'elle ne nécessite pas de grands frais, et que l'organisation de ces sociétés est, en général, fort simple.

Le moyen pratique de les créer est de provoquer la réunion de quelques dames, qui s'entendent avec un médecin pour la surveillance médicale des mères et de leurs nourrissons, et cherchent les ressources nécessaires, soit par des souscriptions annuelles, qui donnent droit à recommander des familles, soit par des quêtes, des ventes, des concerts ou des conférences. — Chaque dame est chargée d'un certain quartier ou de quelques familles, qu'elle doit surveiller. Les demandes de layettes et de secours doivent être adressées à la présidente de la société, qui, par elle-même ou par une des dames de quartier, prend les renseignements nécessaires. Le comité se prononce alors sur l'opportunité des secours à donner, et décide tout ce qui concerne la société (1).

§ 4. — *Comités de Patronage, de Placement, de Rapatriement et d'Émigration.*

Un des moyens d'action les plus certains et les plus faciles de l'assistance individuelle est, sans contredit, l'organisation des Comités dont nous venons d'inscrire les noms en tête de ce chapitre. Il ne faut ici ni grandes ressources, ni locaux spéciaux, ni installations compliquées; il suffit de quelques personnes de bonne volonté, formant un Comité et décidées à se dévouer.

Le *Patronage* est le véritable moyen de soulager

---

(1) La Société protectrice de l'Enfance du Havre, n° 2, rue Madame-Lafayette, est parfaitement organisée. — On peut s'adresser à son Président pour avoir tous les renseignements qui la concernent.

une famille pauvre, de la tirer de peine, et surtout de la relever moralement. Il consiste à confier à chaque membre du Comité le soin d'une ou de plusieurs familles. Celui-ci doit leur faire de fréquentes visites, être au courant de leurs besoins, y pourvoir, et s'efforcer d'avoir sur elles une bonne influence.

Il s'établit alors entre la famille patronée et celui qui s'occupe d'elle une sorte d'intimité qui est précieuse pour le malheureux.

De son côté, celui qui patrone a une belle tâche à remplir, et son action, pour être moins étendue, n'en est que plus sérieuse; connaissant le fort et le faible des familles qu'il visite, il peut avoir sur elles une grande influence.

Le patronage a, de plus, l'avantage de mettre fin au système trop souvent employé par les pauvres, de demander des secours à vingt personnes différentes. Dès qu'une société de ce genre est organisée dans une ville, on lui adresse tous ceux qui sollicitent un appui, et nulle autre que la personne désignée ne s'occupe du même malheureux.

Le patronage est donc une des meilleures formes de l'assistance individuelle, et une de celles qui devraient être le plus développées.

L'utilité des Comités de *placement* n'a pas besoin d'être démontrée. En effet, le plus grand malheur de l'ouvrier et celui contre lequel il est souvent le plus désarmé, c'est le manque de travail.

En parlant de la charité préventive, nous rechercherons plus tard les moyens les plus propres à développer le travail; ici nous nous supposons en présence d'un homme qui ne demande qu'à travailler, mais qui ne trouve aucune place et qui, ne connaissant personne, ne parvient pas à trouver d'occupation.

Le Comité de placement sera précieux pour lui.

En rapport avec les différents industriels du pays, ayant parmi ses membres des fabricants, des négociants, des artisans, des employés qui le préviennent des places libres qu'ils connaissent, il devient l'intermédiaire entre l'offre et la demande, et envoie ceux qui s'adressent à lui, avec une carte de recommandation, partout où il sait qu'il y a des travaux.

N'est-ce pas là un Comité des plus utiles? Et quand on réfléchit que la meilleure manière de faire la charité sera toujours de fournir du travail, ne faut-il pas encourager de toutes ses forces la formation de *Comités de placement?*

L'assistance individuelle s'efforcera donc de les développer, et y joindra le *rapatriement* qui, dans un grand nombre de cas, est le seul moyen de venir en aide aux malheureux.

Bien des gens quittent la campagne où ils trouvaient sinon à bien vivre, du moins à vivre sans souffrances, et vont dans les villes croyant y rencontrer le bien-être, ou même la fortune.

Les gages y sont en effet plus élevés, mais la vie y est plus coûteuse et le travail n'y est pas toujours régulier; au bout de peu de temps un grand nombre de ces émigrés des campagnes sont dans la plus profonde misère, et regrettent la vie des champs.

Le Comité de rapatriement peut leur venir en aide; connaissant les moyens les plus économiques de voyager, au courant des secours que donnent dans certains cas la Préfecture ou la Mairie, ayant enfin des arrangements spéciaux avec les Compagnies de chemin de fer et de bateaux à vapeur, il peut, grâce à ces ressources, renvoyer chez eux beaucoup de gens qui n'auraient pas les moyens de payer leur voyage.

Son action peut s'étendre encore aux pauvres ou aux mendiants étrangers qui sont à la charge de la charité publique ou privée; dans certains cas spéciaux, l'émigration même peut entrer dans sa sphère d'action.

En effet, l'*émigration* paraît être un dernier et suprême remède contre la misère, la mendicité et le paupérisme.

Je suppose un paresseux incorrigible, qui a pris l'habitude de mendier, vit d'expédients et se conduit mal; ne vaudrait-il pas mieux le transporter dans un milieu nouveau, et lui procurer ainsi l'occasion de changer d'habitudes, plutôt que de le laisser continuer cette existence oisive qui le met à la charge de la Société ?

Je suppose encore une famille nombreuse : le père est un honnête ouvrier et un bon travailleur, mais les salaires sont bien faibles, le chômage fréquent, et il a une femme et cinq enfants à *nourrir*. Si on ne parvient pas à lui trouver un travail plus régulier et mieux rémunéré, ne serait-il pas préférable de l'envoyer dans un pays nouveau, où la main-d'œuvre est rare et où il trouvera facilement à occuper ses enfants ?

Je prends encore une de ces familles vicieuses,

où le père et quelquefois la mère se livrent à la boisson et donnent à leurs enfants le plus déplorable exemple.

N'y aurait-il pas avantage à les envoyer dans un pays chaud, où la température seule, sans compter tous les avantages d'une vie nouvelle, loin des tentations habituelles et des mauvaises connaissances, suffit souvent pour détruire ce vice affreux ?

Enfin, dans ces cas nombreux où le climat est trop rude pour des familles affaiblies par les privations, où les enfants restent chétifs et malingres, et sont condamnés à traîner une existence de souffrance et de malheur, l'émigration sous un ciel plus clément, ne vaudrait-elle pas mieux que tous les asiles et les hôpitaux du monde ?

Je n'hésite pas à répondre affirmativement à toutes ces questions et à dire qu'à mes yeux, dans tous ces cas et dans une foule d'autres, l'émigration, et bien entendu l'émigration volontaire et libre, est un souverain et dernier moyen à employer contre le paupérisme.

L'émigration offre des avantages à ceux qui partent et à ceux qui restent.

En effet, ceux qui émigrent, abandonnant une vie de misère morale et matérielle ont chance de la remplacer par une vie de travail et de relèvement, et laissent ainsi à ceux auxquels ils étaient à charge la possibilité de reporter sur d'autres leurs charités.

Ceux qui restent voient leur position s'améliorer ; le nombre des pauvres diminuant, les misères sont d'autant mieux soulagées, et, au point de vue du travail, le départ d'un certain nombre d'ouvriers, de ceux spécialement qui travaillaient mal et au rabais, ne sera-t-il pas un avantage pour ceux qui restent ?

Il est évident que l'offre devenant moins grande, la position de l'ouvrier se trouvera améliorée.

On objectera peut-être que l'émigration est une cause de faiblesse, qu'elle diminue la population d'un pays et conséquemment l'affaiblit.

C'est là une erreur. Comment se fait-il qu'en France, où l'émigration est si faible, l'accroissement de la population soit si petit, et qu'en Angleterre et en Prusse, au contraire, où l'émigration est si grande, l'augmentation de la population soit si considérable ?

Voici, à cet égard, quelques statistiques intéressantes (1) :

	ACCROISSEMENT ANNUEL de la population par 100 habitants	NAISSANCES par mariage
Russie d'Europe............	1.39	4.72
Suède.....................	1.30	4.30
Angleterre................	1.29	3.95
Prusse....................	1.13	4.11
Pays-Bas..................	1.01	4.12
Espagne...................	0.89	4.52
Belgique..................	0.83	3.93
Italie....................	0.70	4.79
Irlande...................	0.59	4.02
Autriche..................	0.57	3.82
France....................	0.35	3.01

L'émigration n'est donc pas une cause de faiblesse pour un État, les chiffres ci-dessus le prouvent surabondamment; je dirai même que, la plupart du temps, elle est une source de force et de richesse. En effet, les pays nouveaux ou lointains offrent plus de chances de succès que les nôtres, et l'émigrant y réussit plus facilement. Éloigné de sa patrie, il ne lui conserve pas moins toute son affec-

(1) Statistique de la France, par Maurice Bloch, tome I, pages 42 et 63, 1875.— Paris, Guillaumin et C.

tion, entretient des relations avec elle, et consomme ses produits, et c'est ainsi qu'il s'établit un courant commercial entre le pays où il a émigré et le sien. Au bout de quelques années, s'il a fait fortune, il peut revenir dans sa patrie, et il devient alors pour elle un élément de prospérité et de progrès.

L'émigration est donc loin d'être un fait désastreux ; le raisonnement et le bon sens l'indiquent, et la pratique le prouve; aussi devrait-elle être encouragée en France. Si elle pouvait se faire dans nos colonies, ce serait un double avantage, et il faut espérer qu'elle sera de plus en plus facilitée en Algérie, comme elle l'a été aux Etats-Unis et à la Plata.

§ 5. — *Sociétés pour réprimer la Mendicité.*

Il est un mal dont on ne se préoccupera jamais assez : c'est la mendicité, de quelque manière qu'elle s'exerce. C'est une véritable plaie qui mérite d'attirer la plus sérieuse attention.

Au moyen des Dépôts de mendicité, l'État peut la réprimer, au besoin, sur la voie publique, à la condition de veiller à ce que chaque département ait un Dépôt, ou puisse profiter de celui d'un département voisin; mais la mendicité à domicile est à peu près hors de son atteinte, et l'action individuelle devient ici absolument indispensable.

Voici ce qui a été fait pour la combattre à Genève (1) : En vue d'en réprimer les abus, une association spéciale y a été fondée par l'initiative individuelle. Chacun de ses membres paie une cotisation annuelle et reçoit un certain nombre de cartes à distribuer aux mendiants qui s'adressent à lui.

Au moyen de ces cartes, qui leur servent en quelque sorte de lettre d'introduction, les malheureux se présentent au Bureau central de la Société, où on leur donne, en attendant qu'on ait pu prendre des renseignements sur eux, de quoi se nourrir pendant un jour. Ils sont priés de repasser le lendemain; dans l'intervalle les informations nécessaires sont prises; s'ils méritent d'être secourus, on s'occupe d'eux; si, au contraire, ils ne sont pas dignes d'intérêt, on les renvoie. Dans tous les cas,

---

(1) Voir les Rapports du Bureau Central de Bienfaisance, n° 10, rue du Stand, Genève.

on inscrit leur nom, et les renseignements obtenus sont inscrits sur un registre auquel on peut toujours se reporter.

L'association est divisée en plusieurs Comités : le Comité de patronage, le Comité de travail, le Comité de rapatriement, etc., auxquels, suivant les cas, le pauvre méritant est renvoyé. Celui qui manque de travail est renvoyé au Comité spécial, lequel s'occupe de lui en procurer; l'étranger sans moyens de gagner sa vie est renvoyé dans son pays par le Comité de rapatriement; ceux qui ont besoin de secours sont adressés au Comité de patronage, qui se charge de veiller sur eux; ceux qui ont droit aux secours de la charité publique, soit par les Hospices, soit par les Bureaux de bienfaisance, sont renvoyés par la Société dans ces Établissements, et toutes les formalités nécessaires à leur admission sont remplies par elle; enfin, le Bureau central sert de pouvoir exécutif et distribue les secours.

De cette manière, celui qui, au lieu de donner du pain ou de l'argent à un mendiant qu'il ne connaît pas et dont il ne peut pas apprécier la vraie situation, en lui remettant une carte, est certain que la société dont il est membre s'en occupera d'une manière bien plus complète qu'il n'aurait pu le faire lui-même, et, comme un jour de nourriture est donné de suite à chaque pauvre nouveau qui se présente avec une carte, on est sûr que celui qui souffre réellement de la faim recevra ce qui lui est nécessaire.

Le sentiment qu'on peut être en présence d'un homme qui n'a rien à manger, nous décide souvent, en effet, à donner une pièce de monnaie, tandis que la certitude de l'efficacité immédiate de la carte suffit pour tranquilliser la conscience.

Cette organisation est donc excellente, mais son côté nouveau et réellement important, sur lequel il convient d'attirer particulièrement l'attention, est celui-ci : le bureau central ne distribue pas une quantité déterminée de nourriture ou de secours pour *chaque* carte qui lui est présentée, mais la carte, simple introduction, garantit au pauvre qu'on viendra à son secours s'il en est digne.

Ainsi, le malheureux qui se présente avec dix cartes reçues dans dix maisons différentes, ne reçoit pas plus de secours que s'il n'en avait qu'une seule; on lui donne provisoirement pour un jour de nourriture, on l'inscrit sur le registre, et on prend des renseignements sur son compte.

La carte n'est donc pas pour l'indigent la représentation d'un secours, mais la garantie qu'on s'occupera de lui.

Ce système a le double avantage d'assurer la charité au pauvre qui en est digne et de décourager le mendiant de profession. En effet, ce dernier ne recevant plus que des cartes, soit dans la rue ou à domicile, ne pouvant pas les vendre, comme il pourrait le faire de bons de soupe et de pain, puisqu'elles n'ont d'autre valeur que celle d'une introduction, et sachant fort bien que sa paresse ou sa mauvaise conduite seront dévoilées la première fois qu'il se présentera au bureau central, n'a plus aucun intérêt à mendier, puisque son métier ne lui rapporte plus rien.

Mais, pour produire tous ses effets, il faut nécessairement que cette institution soit généralement appuyée, et que chacun ne se borne pas seulement à contribuer à l'œuvre, mais utilise encore les cartes et prenne la ferme détermination de ne pas donner autre chose aux mendiants qu'il ne connaît pas particulièrement.

Par ce moyen qu'on ne saurait assez encourager, l'initiative individuelle peut, sinon supprimer entièrement la mendicité, du moins la diminuer considérablement, et c'est le résultat que cette œuvre a eu à Genève.

Quelques personnes penseront peut-être qu'une institution semblable empiète ou risque d'empiéter sur les Bureaux de Bienfaisance. Il ne faudrait pas, en effet, qu'elle fût organisée en opposition à ces utiles établissements; mais, loin de leur nuire, en s'entendant avec eux, elle les compléterait dans les villes et pourrait dans les campagnes être ajoutée au Bureau de Bienfaisance ou au Comité de secours.

Les Bureaux de Bienfaisance des villes ont, en général, des règlements sévères qui ne leur permettent de secourir que les familles privées de leur soutien, ou celles qui ont un nombre déterminé d'enfants. Leur tâche est presque toujours trop lourde; ils y a tant de monde à voir qu'il n'est pas possible de s'occuper suffisamment de chacun, et puis ils n'agissent pas directement contre la mendicité. Une société telle que celle dont je viens de parler compléterait donc leur œuvre. Elle aurait, de plus, l'avantage de réunir et de coordonner des moyens d'action qui très-souvent sont employés séparément et qui ont, en conséquence, des résultats moins complets et moins certains.

Voici le bilan du Bureau central de Bienfaisance de Genève, au 31 octobre 1875 :

RECETTES

Solde ancien............................ F.	4.413	45
Souscriptions, dons et legs.............. »	30.818	45
Dons avec destination spéciale........... »	12.017	50
Dons pour rapatriements................. »	5.651	60
Dons pour travail et apprentissage....... »	1.337	—
Prêts remboursés....................... »	910	50
Dépôts pour loyers..................... »	230	—
Abonnements et dons pour le bulletin..... »	188	—
Avancé pour divers..................... »	3.884	35
Intérêts du compte de dépôt............. »	298	80
F.	64.757	30

DÉPENSES

Assistance temporaire................... F.	1.278	15
Rapatriements......................... »	9.090	90
Patronage............................. »	14.600	—
Secours pour compte de sociétaires...... »	13.061	03
Travail, apprentissage, machines, etc .... »	3.159	25
Loyers déposés........................ »	220	—
Prêts................................. »	2.090	40
Bulletin............................... »	739	95
Frais généraux........................ »	6.120	—
Valeurs engagées...................... »	2.608	25
Solde en caisse........................ »	9.988	42
F.	64.757	30

§ 6. — *Auberges de passage.* — *Asiles de Vieillards.* — *Dispensaires.* — *Refuges.* — *Orphelinats.* — *Sociétés de patronage des Prisonniers libérés, et Sociétés diverses* (1).

Parmi les institutions nombreuses créées par la charité individuelle, on peut citer encore les *Auberges de passage*, qui répondent à une nécessité et rendent d'utiles services, principalement dans les villes qui, par leur situation géographique, servent de passage à un grand nombre de voyageurs. — Leur but consiste à donner l'hospitalité, pendant une ou deux nuits, rarement plus, aux voyageurs pauvres qui n'ont pas les moyens d'aller dans une auberge. — Quelquefois, cette hospitalité se borne à un lit et est entièrement gratuite, d'autres fois elle exige une légère rétribution de 15 ou 20 centimes par nuit; d'autres fois encore, on y ajoute une bonne soupe le soir et le matin.

Dans certaines villes, au Havre par exemple, l'au-

<hr>

(1) Voir *Les Bienfaiteurs des Pauvres*, par Edouard Knoepflin, page 848 et suivantes, 1862. — Paris, Dentu.

Paris Protestant, par A. Decoppet, 1876. — Paris, j. Bonhoure.

berge de passage, qui contient 50 lits (1), est entretenue par la Municipalité, et les cartes d'admission sont délivrées à l'Hôtel-de-Ville; une salle de lecture avec bibliothèque y est jointe, et les pauvres voyageurs peuvent se reposer et lire avant de se coucher. En général, cependant, ce genre d'institution est soutenu par la charité privée.

Il en est de même d'un grand nombre d'*Asiles de vieillards*, et notamment de ceux des Petites Sœurs des Pauvres. — Ces femmes dévouées dirigent ces Asiles avec un grand succès; pour obtenir les ressources nécessaires, elles font des quêtes, et elles ont eu l'excellente idée de les faire en nature. C'est ainsi que, dans toutes les villes où elles ont établi un Asile de vieillards, on voit circuler dans les rues une petite voiture, conduite par un vieillard accompagné d'une Sœur, et qui s'arrête devant les boutiques ou sur les marchés, pour demander quelques provisions. — On leur donne avec plaisir, et ce léger impôt en faveur de la vieillesse est presque entré dans nos mœurs.

---

(1) La Caserne de passage du Havre est située, n° 9, rue du Collège, et reçoit par an environ 800 Voyageurs. — Pour plus amples renseignements, s'adresser à l'Hôtel-de-Ville.

Offrir un dernier asile à tant de pauvres vieillards seuls ou abandonnés, et incapables de travailler, s'efforcer d'adoucir les dernières années de leur vie, est certainement un des moyens d'assistance les plus dignes de la charité privée. — Sans doute c'est un devoir de l'assistance publique, et un devoir auquel elle ne se dérobe pas, puisque la plupart des Hospices et Hôpitaux reçoivent des vieillards; mais en général, ceux-ci préfèrent entrer dans des Asiles privés où ils se sentent plus libres. Les Établissements publics ont des règles plus sévères; ils reçoivent à l'âge de 70 ans, à moins que les vieillards ne soient infirmes, tandis que la charité privée peut plus facilement faire des exceptions et les recevoir plus tôt, si elle en reconnaît l'utilité.

Les *Dispensaires* (1) pour les enfants malades,

---

(1) Le Docteur Gibert, du Havre, a créé et organisé récemment, n° 43, rue Saint-Quentin, et entièrement à ses frais, un Dispensaire pour les enfants, qui peut servir de modèle pour ce genre d'établissement. Des médicaments, des pansements, des bains de toute nature, de la gymnastique médicale, etc., sont mis à la disposition des malades. Les consultations, qui sont gratuites, ont lieu à 11 heures en hiver et à 7 heures du matin en Été. Les prescriptions du Médecin sont exécutées dans l'établissement même.

Moyennant un abonnement de 50 Francs par an, toutes les personnes charitables peuvent y envoyer leurs pauvres malades.

Ce Dispensaire rend les plus grands services, et ses résultats ont dépassé toutes les espérances.

sont destinés à permettre aux parents pauvres de faire soigner gratuitement leurs enfants. Ils ont le grand avantage de mettre promptement à la disposition des malades les secours nécessaires, et chacun sait combien cela est indispensable, surtout pour les enfants. — Ces Dispensaires, plus ou moins grandement organisés, sont quelquefois annexés à un Hôpital, et sont destinés souvent aux adultes aussi bien qu'aux enfants. Ils rendent toujours de grands services en arrêtant, dès le début, bien des maladies qui seraient devenues des causes de misère.

Les *Refuges* sont une autre forme de l'assistance privée; on y reçoit les filles repentantes qui désirent sortir du désordre, et souvent les jeunes filles ayant un mauvais exemple chez elle, ou celles qui sont sur le point de se perdre. — Dirigés en général par des Sœurs, ces Établissements s'efforcent d'enseigner un état aux jeunes filles qui n'en ont pas, de leur donner le goût du travail et de les instruire en même temps que de les moraliser.

Les *Orphelinats*, tantôt publics, tantôt privés, dirigés le plus souvent par des Sœurs, d'autres fois par des laïques, ont pour but de recevoir et d'élever les orphelins, aussi bien garçons que filles.

C'est une des œuvres les plus utiles de l'assistance privée. Qu'y a-t-il, en effet, de plus digne d'intérêt qu'un enfant qui n'a plus ses parents ?

La charité individuelle trouve là un vaste champ d'action, et ne saurait être trop encouragée à le cultiver. Le grand but des Orphelinats doit être de mettre chaque orphelin en état de gagner sa vie par son travail; de les instruire, les élèver, leur donner des sentiments religieux, mais en même temps de leur enseigner un métier.

Ces institutions sont trop connues et trop généralement appréciées, pour qu'il soit nécessaire d'entrer dans de grands détails à leur égard; il n'est pas non plus dans mon plan de parler de *toutes* les œuvres privées qui ont un caractère philanthropique, cela m'entraînerait à de trop longs développements; je me bornerai donc à indiquer encore quelques-unes des nombreuses Sociétés ou associations privées dont le but est de faire du bien.

Les Sociétés de *Saint-François-Régis* rendent de bons services en s'efforçant de faire légitimer les mariages et les naissances illicites. Elles se chargent de lever tous les actes nécessaires au mariage, de remplir toutes les formalités exigées et d'acquitter tous les frais.

Les Sociétés de *Saint-Vincent-de-Paul*, dont le but est principalement religieux, centralisent en général les diverses œuvres catholiques de la localité où elles sont établies. Elles ont des bibliothèques, des ouvroirs, des orphelinats, et font visiter les pauvres et les malades.

Les *Diaconats protestants* (1) secourent les pauvres de la Religion Réformée.

Les *Sociétés de patronage des prisonniers libérés* (2) s'efforcent de préserver de la récidive les libérés. Elles les patronnent, cherchent à les placer, et tâchent d'avoir sur eux, par tous les moyens possibles, une bonne influence.

Toutes ces institutions, et bien d'autres encore (3), rendent de bons services; je n'ai pu indiquer que les principales; mais elles montrent toute l'importance du rôle de l'assistance privée dans cette grande question de la Misère.

Nous venons de voir que la charité particulière,

---

(1) Voir *Paris Protestant*, par A. Decoppet, 1876.— Paris, J. Bonhoure.
(2) Voir *La Question pénitentiaire*, par E. Robin, 1873.— Paris, J. Bonhoure.
(3) Voir *La Charité à Paris*, par C.-J. Lecour, 1876.— Paris, P. Asselin.

peut et doit agir à la fois individuellement et collectivement, et qu'elle arrive ainsi à de grands résultats; nous avons vu aussi qu'elle ne remplace pas plus qu'elle n'exclut la charité publique, mais qu'elle la complète.

C'est ainsi que l'assistance sera générale et efficace dans les villes et dans les campagnes; mais l'*assistance* n'est qu'une partie de la *charité*, celle qui consiste à soulager des misères qui existent; l'autre partie, qui est plus importante encore, est la *charité préventive*, qui a pour but de prévenir la misère, et c'est d'elle que nous allons maintenant nous occuper.

CHAPITRE V

LA CHARITÉ PRÉVENTIVE PUBLIQUE OU ADMINISTRATIVE.

La charité préventive doit être, comme l'assistance *publique* et *privée*.

La première, celle de l'Etat, du Département, de la Commune, peut avoir une action efficace pour empêcher la misère, par les trois moyens principaux suivants :

1° Par l'*instruction*, en augmentant la valeur de

l'individu, au moyen des salles d'asiles, des écoles primaires, des cours d'adultes, des bibliothèques ; 2° par la *prévoyance*, en lui apprenant à songer à l'avenir, au moyen des caisses d'épargne, de retraite et d'assurances ; 3° par une bonne *législation économique et commerciale*, en augmentant la somme de travail et en facilitant la vie à bon marché.

§ 1. — *Par l'Instruction.*

Salles d'Asile. — Écoles primaires communales. Cours d'Adultes. — Bibliothèques scolaires.

Augmenter la valeur de l'individu est le meilleur moyen de diminuer la misère, et pour y arriver, c'est par l'instruction qu'il faut commencer. Il est évident que plus un homme est instruit, plus il a de chances de trouver une occupation lucrative. La plupart des pauvres et des mendiants savent à peine lire et écrire ; et cette ignorance, qui les éloigne de bien des travaux, est le plus souvent la cause de leur misère.

Il faut donc répandre l'instruction le plus possible ; c'est par elle qu'on réduira le plus sûrement le nombre des malheureux, mais cela veut-il dire qu'elle soit une panacée universelle et qu'avec elle tout soit gagné? Ce n'est pas ma pensée; l'instruction n'est qu'un moyen, l'éducation est le but.

Sans doute l'instruction fournit à l'homme les moyens de gagner plus facilement sa vie; elle l'émancipe, en quelque sorte, au point de vue matériel; mais il ne suffit pas de savoir gagner son pain quotidien, il faut encore la force nécessaire pour lutter contre les mauvaises passions, les vaincre et marcher dans la voie du bien; or, c'est là la tâche de l'éducation.

Cette éducation doit avoir pour base la morale et la religion, non pas une religion de forme, mais une religion agissante, ne se bornant pas à une foi aveugle et superstitieuse, mais possédant une foi vivante, formée par des convictions personnelles, résultant de l'étude de la parole de Dieu et du cœur humain.

Mais quelle influence peut-on exercer sur un homme qui n'est pas en mesure de lire et, à plus forte raison, de comprendre les grandes et belles vérités chrétiennes contenues dans la Bible? On n'en fera trop souvent qu'un fanatique plein de préjugés, ou un révolutionnaire aveugle, ne songeant qu'à détruire et se laissant entraîner par les utopies les plus dangereuses.

Il me semble donc que toute personne n'ayant pas de parti pris, et raisonnant froidement et pratiquement, admettra, avec tant de bons esprits qui ont consacré leur vie entière à l'étude de ces questions, que l'instruction est le premier moyen dont il faut se servir pour arriver au progrès matériel et moral.

« Richesse, bien-être, moralité, dit M. E. Le-
« vasseur (1), sont des phénomènes sociaux inti-
« mement liés les uns aux autres, et le grand secret
« de leur progrès est dans le progrès même de
« l'instruction et de la liberté. »

Si donc l'instruction est un puissant moyen de prévenir la misère, il est du devoir, en même temps que de l'intérêt de l'Etat, du Département, de la Commune, de la répandre le plus possible.

Il n'est pas nécessaire de parler ici de l'enseignement supérieur, ni même de l'enseignement secondaire ou spécial, qui concernent surtout l'Etat; mais, comme nous recherchons principalement

---

(1) *Histoire des Classes ouvrières en France depuis 1789*, par E. Levasseur, tome II, page 866, 1867.— Paris, Hachette et Cie.

l'amélioration des masses, c'est l'instruction qui peut leur être donnée qu'il convient d'étudier, celle des salles d'asile et des écoles primaires.

Les *salles d'asile*, ou écoles du premier âge, sont des établissements à la fois de charité et d'instruction, dans lesquels les enfants des deux sexes peuvent être admis depuis l'âge de deux ans jusqu'à six ans, pour recevoir les soins que réclame leur développement moral et physique.

L'enseignement comprend les premiers principes de l'instruction religieuse, de la lecture et de l'écriture, du calcul mental et du chant; on y joint quelques exercices corporels.

La première idée des salles d'asile est due à Mme de Pastoret, qui s'efforça de l'appliquer au commencement de ce siècle. Vers 1830, M. Cochin, après une étude sérieuse et approfondie des écoles enfantines de l'Angleterre, résolut de les introduire en France, et fut le véritable fondateur des salles d'asile, telles qu'elles existent aujourd'hui.

Une ordonnance de 1837 les plaça sous la dépendance du ministère de l'instruction publique ; enfin, la loi de 1850 et le décret de 1855 les organisèrent complétement.

Les salles d'asile peuvent être libres ou publiques.

Ces dernières sont gratuitement ouvertes à tous les enfants dont les familles sont reconnues hors d'état de payer une rétribution mensuelle.

Elles sont toutes sous la surveillance des inspecteurs et inspectrices de l'instruction publique.

Autant que possible, elles doivent être situées à un rez-de-chaussée, avoir une grande salle avec gradins, pour les leçons, les exercices et les chants, une autre servant de préau, destinée aux récréations et aux repas, et enfin une cour ou un petit jardin.

La salle d'asile est une institution des plus utiles; elle soulage considérablement la mère, surtout lorsque la famille est nombreuse et a peu de ressources, et lui aide à élever et à discipliner ses enfants dans les meilleures conditions physiques et morales.

Elle apprend aux enfants, et par cela même aux parents, à être propres; elle les distrait, les amuse, tout en les instruisant; elle développe leur petite intelligence, leur enseigne à s'appliquer et à rester en repos, et les prépare enfin à l'école, sans les fatiguer, en les amenant tout doucement à se conduire convenablement et à aimer l'instruction.

Les parents pauvres, soulagés ainsi pendant une grande partie de la journée, peuvent d'autant mieux soigner leur intérieur et s'occuper de leurs travaux ; aussi, quand les enfants rentrent à la maison, sont-ils accueillis avec d'autant plus de joie.

Les enfants sont, en général, à la salle d'asile de 8 heures et demie à 11 heures et demie et de 1 heure et demie à 5 heures ; mais, dans certains cas, il leur est permis d'y rester entre 11 heures et demie et 1 heure et demie et d'y prendre leur repas. Dans ce cas, l'enfant apporte son déjeuner dans un panier.

De grands progrès ont été faits ces dernières années dans l'enseignement des Salles d'asile, grâce à Mme Pape-Carpentier, inspectrice générale et directrice d'une École normale et d'une Salle d'asile modèle. L'enseignement par l'aspect, ou par la vue des objets, et les leçons de choses, développent l'intelligence, produisent d'excellents résultats et tendent à renverser, heureusement, le système suivi trop fréquemment dans l'enseignement, qui consiste à tout apprendre mécaniquement par la mémoire, système qui a pour résultat de former des machines plutôt que des élèves intelligents.

L'utilité des Salles d'asile est si généralement

reconnue, que leur nombre augmente sans cesse, comme l'indique la statistique suivante :

ANNÉES	NOMBRE de salles d'asiles, publiques ou privées	NOMBRE d'enfants
1839	261	29.000
1844	1.500	100.000
1853	2.203	217.156
1866	3.572	418.768
1872	3.774	462.667

Néanmoins, ce nombre est bien insuffisant. Chaque commune un peu importante devrait avoir une Salle d'asile qui serait l'utile annexe de l'école de filles.

Les *Écoles primaires*, organisées principalement par la célèbre loi Guizot, en 1833, sont régies aujourd'hui (1) par la loi du 15 mars 1850, le décret du 9 mars 1852, la loi du 21 juin 1865, et la loi du 10 avril 1867.

L'enseignement primaire comprend : l'instruction morale et religieuse, la lecture, l'écriture, les

______

(1) Nouveau Code de l'Instruction primaire, par A.-E. Pichard, 1874. — Paris, Hachette et Cⁱᵉ.

éléments de la langue française, le calcul et le système légal des poids et mesures, les éléments de l'histoire et de la géographie.

Il peut comprendre en outre : l'arithmétique appliquée aux opérations pratiques; des notions des sciences physiques et de l'histoire naturelle, applicables aux usages de la vie; des instructions élémentaires sur l'agriculture, l'industrie et l'hygiène; l'arpentage, le nivellement, le dessin linéaire; le chant et la gymnastique; le dessin d'ornement, le dessin d'imitation; les langues vivantes; la tenue des livres et les éléments de la géométrie.

Chaque commune doit entretenir une ou plusieurs écoles primaires (1).

Chaque commune de 500 habitants ou plus doit avoir au moins une école publique de filles (2).

Le Conseil départemental seul peut dispenser de cette double obligation, et cela sous certaines conditions.

---

(1) Loi du 15 Mars 1850 (Art. 86).

(2) Loi du 10 Avril 1867 (Art. 1er).

Les statistiques suivantes, quoique incomplètes, seront consultées avec intérêt :

ÉCOLES PRIMAIRES

ANNÉES et NATURE	ÉCOLES PUBLIQUES				ÉCOLES LIBRES			
	DE GARÇONS OU MIXTES		DE FILLES		DE GARÇONS		DE FILLES	
	Nombre d'écoles	Nombre d'élèves	Nombre d'écoles	Nombre d'élèves	Nombre d'écoles	Nombre d'élèves	Nombre d'écoles	Nombre d'élèves
Laïques	35.848	1.986.421	5.998	317.342	2.572	125.779	7.637	296.132
Congréganistes ...	3.038	412.852	8.061	697.195	586	82.803	5.571	417.824
Total 1863	38.886	2.399.292	14.059	1.014.587	3.108	208.582	13.208	713.956
Laïques	36.010	»	8.528	»	2.113	»	5.332	»
Congréganistes ...	3.101	»	9.053	»	795	»	5.748	»
Total 1873 (1).	39.111	2.606.954	17.581	1.261.565	2.908	215.275	11.075	683.077

(1) Les écoles d'Alsace-Lorraine déduites.

Sans avoir l'intention de m'arrêter longuement sur ce sujet, je n'en appelle pas moins la plus sérieuse attention sur ces chiffres, et je me borne à dire que, si le nombre des écoles est encore si loin d'atteindre ce qu'il devrait être, et si le nombre des enfants, et surtout des filles qui les fréquentent, est encore si faible, cela prouve qu'il est temps d'adopter une mesure qui est vivement réclamée par l'opinion publique depuis plusieurs années : l'*instruction primaire obligatoire*.

C'est là une question de premier ordre. Une fois l'obligation votée, il sera indispensable, pour que cette loi nouvelle ne reste pas lettre morte, que les administrations publiques, et spécialement les communes, ne reculent devant aucun sacrifice pour construire et fonder les écoles nécessaires. Il ne suffit pas que l'instruction soit obligatoire, il faut encore qu'il y ait partout des écoles, et qu'elles soient suffisantes pour recevoir tous ceux qui s'y présentent. Il faut que les classes ne soient pas encombrées, que le chiffre de cinquante enfants par classe et par professeur ne soit pas dépassé, sans quoi l'enseignement ne peut pas porter de fruits véritables; il faut enfin que les instituteurs et les institutrices soient à la hauteur de leur tâche, qu'ils aient tous le brevet de capacité, et que les lois d'exception en faveur des congréganistes disparaissent.

Notre système pédagogique, basé actuellement en grande partie sur la mémoire, devrait être modifié, et reposer surtout sur le raisonnement; enfin, l'instruction des filles devrait être aussi soignée et aussi générale que celle des garçons.

« Quand vous donnez l'éducation à un garçon, « dit M. Jules Simon, vous faites un *homme* « éclairé; quand vous donnez l'éducation à une « fille, vous faites une *famille* éclairée. »

N'oublions jamais cette profonde parole. C'est la mère qui prépare les générations de l'avenir; c'est elle qui met dans le cœur de l'enfant les premiers germes de l'instruction, de l'éducation, de la religion; c'est elle qui forme son intelligence et sa conscience, et qui ne sait combien les premières directions sont importantes!

C'est la femme qu'il faut instruire, tout d'abord, pour améliorer l'humanité; il faut que, par son développement intellectuel et moral, elle soit non-seulement la compagne de son mari, mais qu'elle devienne encore son aide. Il faut qu'elle sache rendre son intérieur agréable, et soit en mesure de diriger son ménage avec ordre et économie, qu'elle puisse enfin élever ses enfants convenablement, alors une des grandes causes de la misère sera détruite. — Le mari, heureux chez lui, ne songera plus à sortir pour fuir un intérieur désagréable; son gain, qui passait en partie au cabaret, appartiendra en entier à la famille; les enfants bien élevés aideront leurs parents, et au lieu d'une famille pauvre et malheureuse, à la charge de la charité publique, la société aura un soutien de plus, un groupe de gens actifs, travailleurs, partisans de l'ordre et de la vraie liberté, et pouvant à leur tour contribuer au progrès de l'humanité.

A côté de la Salle d'asile et de l'École primaire, la charité préventive publique peut encore agir par l'instruction, au moyen de *cours d'adultes*. Rien ne lui est plus facile que d'organiser et d'encourager ces cours, en chargeant les instituteurs communaux de les faire le soir dans une des salles de l'école, et en leur assurant une petite augmentation de traitement.

Ces cours doivent avoir pour but principal d'enseigner à lire, écrire et compter aux adultes ignorants; mais on peut aussi y ajouter avec avantage quelques leçons plus intéressantes sur l'histoire, la géographie, les principes de l'hygiène, de l'agriculture, etc.

L'initiative individuelle peut ici venir largement en aide à l'administration, en organisant ces cours, soit seule, soit avec le concours de la commune ; on ne saurait trop encourager les personnes de bonne volonté, et principalement les jeunes gens, à s'en occuper, car ils y trouveront le double avantage d'être utiles aux autres en les instruisant, et utiles à eux-mêmes en apprenant à parler, sans crainte, en public.

La lecture est un autre moyen d'instruire les masses qui peut être employé avec succès, car elle a une grande influence.— L'administration, encouragée en cela par l'exemple des particuliers, l'a bien compris, et, dès le 1ᵉʳ juin 1862, un arrêté du Ministre de l'Instruction publique décidait qu'il serait créé dans chaque école primaire publique une *bibliothèque scolaire*, et que cette bibliothèque serait placée sous la surveillance de l'instituteur (1).

Ces bibliothèques scolaires, tout en étant trop

(1) Nouveau Code de l'Instruction primaire, par A. E. Pichard, page 366, 1874.— Paris, Hachette et Cⁱᵉ.

réglementées peut-être, ont eu un très-grand succès, comme le prouve la statistique suivante (1) :

ANNÉES	NOMBRE des bibliothèques	NOMBRE des volumes
1865..............................	4.833	180.854
1867..............................	11.417	721.853
1869..............................	14.395	1.239.165
1872..............................	14.551	1.332.842

« Le complément nécessaire d'un cours d'adultes
« est une collection de bons livres, propres à entre-
« tenir les sentiments généreux, à répandre les
« notions utiles, à faire aimer le travail, » disait
M. Duruy, Ministre de l'Instruction publique,
dans une circulaire aux recteurs, en date du
8 octobre 1867. Il est seulement regrettable que
le budget de l'Instruction publique ne contienne
pas une somme plus importante pour encourager
ces bibliothèques et en rendre possible la fondation dans chaque commune. Ce serait de l'argent
bien placé, d'autant plus qu'il pourrait servir en
même temps à récompenser les écrivains, trop
rares aujourd'hui, qui consacrent leur talent à

---

(1) Statistique de la France, par Maurice Block, tome I, page 248, 1875. — Paris, Guillaumin et Cie.

écrire des ouvrages instructifs et moraux pour le peuple. En effet, en leur demandant autant de volumes qu'il y a de communes en France, on leur donnerait le plus enviable des encouragements.

Tel est, sans entrer dans de longs détails, le rôle de l'instruction publique dans cette difficile question du paupérisme.

§ 2. — *Par la Prévoyance.*

Caisses d'Épargne. — Caisses de Retraite et d'Assurance.

La charité préventive publique doit et peut agir par la prévoyance, en encourageant l'homme à songer à l'avenir et en lui facilitant l'épargne.

« Là où règne l'épargne disparaît l'indi-
« gence » (1).

Les *Caisses d'épargne* ont pour objet de recevoir en dépôt les petites sommes qui leur sont confiées, de leur faire produire un intérêt, et d'engager ainsi, tous ceux qui le peuvent, à faire des économies et à se préparer des ressources pour l'avenir.

(1) Rapport de M. Eugène Tallon, su les résultats de l'Enquête parlementaire sur l'organisation de l'Assistance publique, 1re partie, page 28, 1878. — Versailles, Cerf et fils, imp.

Voici comment M. E. Levasseur en expose la grande utilité (1) :

« A la campagne, le paysan entasse sou sur sou,
« dans l'espérance d'acheter quelque lopin de
« terre qu'il ambitionne; rien ne le détourne de
« cette pensée, au milieu du calme dans lequel il
« vit. Il n'en est pas ainsi pour l'ouvrier des villes.
« Il n'a ni les mêmes racines sur le sol, ni la
« même espérance, et il est de tous côtés entouré
« de séductions. Il est bon qu'une âme charitable
« le dérobe à ses propres tentations, recueille ses
« épargnes à mesure qu'elles se forment et l'en-
« courage même, par un intérêt quelconque, à les
« lui confier. C'est l'objet que se proposent les
« caisses d'épargne; elles doivent, à ce titre, être
« classées au nombre des plus bienfaisantes insti-
« tutions qui aient été imaginées pour l'avantage
« des classes pauvres.

« Les sommes qu'elles reçoivent, elles les sous-
« traient à une consommation non-seulement im-
« productive, mais souvent pernicieuse, et elles
« préviennent ainsi le vice. Elles inculquent l'ha-

____

(1) *Histoire des Classes ouvrières en France*, par E. Levasseur, tome I, page 460, 1867. — Paris, Hachette et Cⁱᵉ.

« bitude morale, quelque modique que soit le
« présent, de faire la part de l'avenir, et elles
« forment à la prévoyance des hommes qui, étant
« les moins riches, ont le plus besoin de cette vertu.
« Enfin, elles aident les gens laborieux à franchir
« la période la plus difficile de l'existence, celle
« où, ne possédant rien encore, ils cherchent à
« créer leur premier capital. »

La première caisse d'épargne fut fondée en France, en 1818, par Benjamin Delessert. Dans le principe, l'État ne voulut intervenir que par l'approbation des statuts; mais bientôt cette nouvelle institution prenant un grand développement, il devint nécessaire pour lui d'en régler le fonctionnement par des lois.

Aujourd'hui, les caisses d'épargne ont besoin d'être autorisées par décret; mais elles peuvent être fondées par souscriptions particulières ou par décision des Conseils municipaux. — Dans le premier cas, elles se composent : 1° d'une Commission administrative prise parmi les souscripteurs, les notables ou les fonctionnaires de la localité; 2° d'un Conseil chargé de la direction exécutive des affaires; 3° d'une Commission de censeurs, ayant la surveillance du service; 4° d'agents salariés. — Dans le deuxième cas, l'administration et la surveillance des caisses d'épargne municipales sont confiées à un Conseil de directeurs. Il est présidé par le Maire et se compose de 15 directeurs renouvelés par tiers chaque année.

Ces nominations sont faites par le Conseil municipal, et 5 membres doivent être choisis dans son sein.

Les caisses d'épargne ont un Directeur et un Caissier; ce dernier soumis à l'obligation d'un cautionnement.

Chaque personne, homme, femme ou enfant, peut demander un livret de caisse d'épargne et y faire inscrire ses dépôts. Le minimum des versements partiels est de 1 franc, et le maximum des dépôts individuels, de 1,000 francs. Passé ce chiffre, l'excédant est converti en rentes sur l'État. Par exception, les Sociétés de secours mutuels peuvent élever leurs dépôts jusqu'à 8,000 francs.

L'intérêt alloué aux déposants varie entre 3 1/2 et 3 3/4 pour cent; les caisses d'épargne de leur côté doivent déposer leurs fonds à la Caisse des Dépôts et Consignations, qui leur donne un intérêt de 4 %. — La différence entre ces deux taux sert à couvrir les frais d'administration.

Quoiqu'à deux reprises déjà les caisses d'épargne aient été dans l'obligation, du fait de la Caisse des Dépôts et Consignations, représentant l'État, de suspendre momentanément leurs paiements, et cela précisément dans les moments de crise, où en général on a le plus besoin de ses économies, elles n'en rendent pas moins les plus grands services (1).

Leur utilité est prouvée du reste par le tableau suivant, qui indique leur développement (2) :

ANNÉES	NOMBRE de caisses	NOMBRE de livrets existant au 1er janvier	SOLDE dû aux déposants au 1er janvier	MOYENNE du dépôt par livret
1835..	153	201.765	35.659.791	177
1840..	278	310.863	171.137.761	550
1845..	345	687.623	392.975.101	572
1850..	340	586.169	74.695.961	238
1855..	365	865.952	271.681.908	205
1860..	433	1.125.593	338.584.720	309
1865..	475	1.554.326	462.144.956	299
1870..	489	2.030.645	684.192.001	304
1872..	501	2.021.906	538.600.338	255
1873..	500	2.016.552	515.218.527	255

(1) La Caisse d'Épargne du Havre est établie à l'Hôtel-de-Ville, et est ouverte au public tous les jours de 9 heures à midi et de 2 heures à 5 heures, et notamment les Dimanches de 9 heures à 1 heure en hiver et de 8 heures à midi en été. C'est là qu'il faut s'adresser pour avoir un livret, faire un dépôt, obtenir un remboursement ou des renseignements.

(2) Statistique de la France, par Maurice Block, tome I, pages 337 à 814, 1873. — Paris, Guillaumin et Cⁱᵉ.

PROFESSION DES DÉPOSANTS EN 1868-1872.

	LIVRETS OUVERTS POUR 100	
Ouvriers..........................	32.79	32.5
Domestiques......................	15.41	15.»
Employés.........................	4.36	4.4
Militaires et marins	3.12	3.3
Professions diverses	25.76	22.4
Mineurs..........................	18.42	22.2
Sociétés de secours mutuels	0.14	0.2
	100. »	100.»

Le nombre des caisses d'épargne n'a pas cessé d'augmenter en France; mais elles n'ont pas encore atteint le développement qu'elles possèdent en Autriche et en Angleterre, où leurs dépôts s'élèvent à près d'un milliard et demi de francs. Le rapport des dépôts à la population donnait, fin 1874, la proportion suivante par tête d'habitant (1) :

Pour l'Europe entière	F.	28 —
» l'Angleterre................	»	48 49
» l'Autriche...	»	44 56
» la France....................	»	15 78

<hr>

(1) Voir Manuel des Caisses d'Epargne scolaires, par A. de Malarce, page 13. 1876 -- Paris. Guillaumin et C'°.

En Angleterre, il existe des *Penny-Banks* qui reçoivent des versements d'un penny (10 centimes), et qui les transmettent ensuite aux *Post-Office-Saving-Banks*, qui sont l'équivalent de nos caisses d'épargne, sauf qu'elles existent, comme leur nom l'indique, dans tout bureau de poste.

Cette heureuse innovation va, selon toutes probabilités, être introduite en France, où le décret du 23 août 1875 a autorisé les percepteurs des contributions directes et les receveurs de poste, dont le concours aura été demandé par les administrateurs des caisses d'épargne, à recevoir, avec l'autorisation du Ministre des finances, les versements, et à effectuer les remboursements, pour le compte des caisses d'épargne de leur département. On ne saurait trop encourager une œuvre qui a si bien fait ses preuves.

Ces dernières années, des *Caisses d'épargne scolaires* (1) ont été organisées, principalement en Belgique, et ont donné également les meilleurs résultats. — Les instituteurs des écoles communales sont autorisés à recevoir les économies des

---

(1) Notice historique et Manuel des Caisses d'Epargne scolaires en France, par A. de Malarce, 1878 — Paris, Guillaumin et Cⁱᵉ.

enfants, quelque petites qu'elles soient, puisque le minimum du versement peut être de 5 centimes, et lorsqu'elles ont atteint la somme nécessaire pour avoir un livret de caisse d'épargne, l'instituteur se charge de le faire au nom de l'enfant.

De cette manière, dès ses premières années l'enfant apprend à économiser, même les plus petites sommes, et comprend bien vite les avantages de la prévoyance, qui lui sont indiqués théoriquement et pratiquement. Content de posséder quelque chose, son livret devient pour lui la première base de sa fortune future, et une fois ces bonnes habitudes d'épargne prises, toutes les probabilités sont qu'elles seront conservées.

Un enfant de sept ans, qui prendrait l'habitude d'épargner deux sous par semaine, se trouverait à sa majorité propriétaire d'un capital de près de cent francs.

Le fonctionnement de ces caisses d'épargne scolaires est très-simple (1). Les petites sommes versées par chaque élève épargnant sont inscrites

(1) Voir la Notice de M. de Malarce, page 6, et s'adresser à MM. Paul Dupont et Cie, n° 41, rue J.-J.-Rousseau, Paris, pour avoir les divers imprimés nécessaires à cette petite comptabilité des Instituteurs.

séance tenante par l'instituteur, dans un registre spécial, au compte de l'élève déposant, et sur un double qui lui est remis. Toutes les fois que les versements ont atteint le chiffre d'un franc, cette somme est déposée dans la grande caisse d'épargne de la localité sur un livret au nom de l'élève. Les remboursements partiels ou totaux sont demandés par le représentant légal de l'enfant, et effectués sous sa signature et celle de l'instituteur.

L'extension qui est ainsi donnée à une œuvre excellente ne peut avoir que d'heureux résultats; de tous côtés déjà on s'efforce de répandre cette institution dans les écoles communales; aussi tous ceux qui contribueront à la faire réussir en éprouveront une grande satisfaction.

Caisses de Retraite et d'Assurances.

Ces deux institutions de bienfaisance et de charité préventive bien entendue, ont pour but d'empêcher les familles dont le chef, pour cause de vieillesse ou de mort vient à manquer, de tomber dans la misère.

Elles sont toutes les deux gérées, sous la garantie de l'État, par la Caisse des Dépôts et Consignations, représentée dans les départements par les receveurs généraux, les receveurs particuliers et les percepteurs.

La *Caisse de Retraite pour la vieillesse* a deux sortes de tarifs : le *tarif à capital aliéné*, qui représente la rente viagère proprement dite, et le *tarif à capital réservé*, qui s'applique au cas où le déposant veut réserver à ses héritiers le capital versé, les intérêts seuls du versement étant alors placés en viager.

Les versements placés à la Caisse de Retraite pour la vieillesse doivent être de 5 francs au moins, et ne peuvent être supérieurs à 4,000 francs par an, ni dépasser la somme nécessaire pour obtenir 1,500 francs de pension.

L'entrée de la jouissance de la rente viagère est fixée, au choix du déposant, entre 50 et 65 ans.

Les bases du tarif sont l'intérêt composé du capital, à raison de 4 1/2 % par an, et les chances de mortalité en raison de l'âge des déposants, calculées d'après les tables dites de Déparcieux.

La Caisse de Retraite pour la vieillesse prend chaque jour plus de développement. C'est ainsi que les instituteurs communaux ont été autorisés à y verser les fonds qu'ils avaient dans les caisses d'épargne, et que certains employés communaux ont été appelés également à participer aux bienfaits de cette institution.

Voici, du reste, quelques statistiques la concernant (1) :

ANNÉES		PREMIERS versements	NOMBRE des versements	SOMMES versées	MOYENNE des versem^ts
1855..	F.	5.322	31.007	1.443.543	46
1860..	»	16.673	103.395	4.475.987	41
1865..	»	16.856	304.056	8.268.461	27
1870..	»	12.262	257.588	7.011.742	30
1873..	»	»	379.946	6.692.568	18

Quant aux *Caisses d'assurances*, en cas de décès et d'accident, elles ont pour but : 1° de payer aux héritiers de l'assuré, à son décès, une somme déterminée d'avance; 2° de servir des pensions viagères aux personnes assurées qui auraient été atteintes de blessures dans l'exécution de travaux industriels ou agricoles, ou de donner des secours aux veuves et aux enfants mineurs, dans le cas où ces blessures auraient amené la mort.

Les sommes assurées sur une tête ne peuvent

---

(1) Statistique de la France, par Maurice Block, tome I, page 337, 1873. — Paris, Guillaumin et Cie.

pas dépasser 3,000 francs. Les assurances ne sont valables qu'à la condition d'avoir été contractées au moins deux ans avant le décès; dans le cas contraire, la somme payée est remboursée avec les intérêts à 4 %.

Ces caisses ne datent que de 1868; il est donc difficile d'en apprécier déjà tous les effets; mais, comme elles ont été créées pour permettre à l'ouvrier de contracter des assurances sur la vie, ce qui ne lui était guère possible avec les compagnies particulières, en raison de l'élévation de la prime, il est évident qu'elles rendront de grands services à la classe ouvrière, et qu'elles contribueront à prévenir certaines causes de misère (1).

Ces différentes institutions sont toutes excellentes, et peuvent aider puissamment à prévenir l'indigence; mais elles ne sont pas assez répandues.

Il convient donc de s'efforcer de les faire connaître pour en vulgariser l'emploi.

---

(1) Les personnes qui veulent profiter des avantages offerts par la *Caisse de retraite pour la vieillesse* et par la *Caisse d'assurances en cas de décès et d'accident*, doivent s'adresser à Paris à la Caisse des Dépôts et Consignations, n° 56, rue de Lille, et en province, chez les Receveurs généraux et particuliers ou chez les Percepteurs. — Au Havre, n° 1, rue Faure.

§ 3. — *Par une bonne Législation économique et commerciale.*

La charité préventive publique peut s'exercer enfin par une bonne législation économique et commerciale, en cherchant à augmenter le travail et à faciliter la vie à bon marché.

Le travail est la source de la richesse et du bien-être. « Quiconque, dit Franklin, vous dit que vous « pouvez arriver à un progrès quelconque, autre- « ment que par le travail et l'économie, ne l'écou- « tez pas, c'est un empoisonneur. » — Plus il y aura de travail et de travailleurs dans un pays, plus ce pays sera prospère et heureux.

Mais comment l'État peut-il développer le tra- vail ? — Par une législation économique réellement intelligente.

Tous ceux qui ont étudié les facultés de l'homme dans leur application aux questions de travail en général, et à celles de l'industrie et du commerce en particulier, ont pu reconnaître que ces facultés, stimulées par la concurrence, arrivent à un tel degré de perfectionnement, qu'elles peuvent vaincre toutes les difficultés.

Mais la condition qui leur est indispensable, c'est la liberté.

Sans la liberté, sans la faculté de pouvoir faire ce qu'ils jugent convenable au point de vue économique, comment l'industriel et le négociant, qui sont les deux grands agents du travail, peuvent-ils donner tout le développement possible à leur industrie et à leurs opérations ? — Ne sont-ils pas arrêtés à chaque instant par les barrières qui sont mises devant eux ?

Et cependant l'importance de ces opérations n'est-elle pas de la première utilité ? — Plus le commerce et l'industrie d'un pays seront considérables, plus il y aura de travail et plus les salaires seront élevés.

Or, le bien-être d'un homme est en proportion de son salaire, et la misère est d'autant moins à craindre que la main-d'œuvre est mieux rétribuée.

N'est-il donc pas évident que la législation d'un pays a une influence considérable sur le bien-être de sa population ?

Mais quel doit être le grand principe de cette législation ?

« *Laissez faire, laissez passer.* »

Laissez agir les lois économiques naturelles : la

nécessité de vivre, de se nourrir, de se vêtir; le désir du bien-être, de la richesse, du bonheur; laissez agir la concurrence, ce grand stimulant de la nature humaine; laissez passer les gens et les choses; laissez l'intelligence et l'initiative de chacun opérer comme elles l'entendent; l'homme fera des merveilles, ses facultés se développeront dans des proportions considérables, et le bien-être, aujourd'hui presque l'exception, deviendra bien vite la règle.

Que l'État réglemente donc le moins possible les questions économiques et commerciales, qu'il renonce aux priviléges et aux monopoles qui, en favorisant quelques-uns, nuisent au plus grand nombre, qu'il laisse enfin le plus de liberté possible.

Je ne demande pas cette liberté complète et immédiate. Un changement brusque de système n'est pas meilleur dans les questions économiques que dans le domaine politique; les progrès pour être durables doivent être graduels, mais continus, et, s'il faut laisser à l'avenir le soin de réaliser bien des réformes, qu'il serait prétentieux de la part d'une génération de vouloir accomplir subitement, il n'en est pas moins permis de travailler active-ment au succès de ses idées.

Il y a quelques siècles, il existait en France, de province à province, des droits considérables sur les produits, même les plus nécessaires à l'alimentation. Il en résultait qu'on mourait de faim en Bretagne, tandis qu'on ne savait que faire de son blé en Normandie; ici, la récolte avait été belle, là, elle avait été mauvaise; mais les droits empêchaient les échanges, au grand préjudice des deux parties.

Aujourd'hui, nous n'en sommes heureusement plus là; et qui ne reconnaît que la suppression de ces barrières a été un immense bienfait. La misère n'est-elle pas bien moindre et le bien-être beaucoup plus répandu?

Mais les grands États actuels ne peuvent-ils pas être assimilés, jusqu'à un certain point, aux provinces d'autrefois, et sur ce champ plus vaste, les mêmes causes ne pourraient-elles pas avoir les mêmes effets?

C'est ce qu'on a pensé ces dernières années, et la réforme économique de 1860, en faisant passer la France du régime de prohibition, c'est-à-dire de l'isolement, à celui de la simple protection, a ouvert la voie aux échanges internationaux. Ce n'est pas la liberté commerciale qui a été adoptée, loin de là, puisque les droits sur la plupart des objets manufacturés s'élèvent encore de 10 à 25 %, mais le principe était admis, les intérêts engagés étaient sauvegardés, et la réforme se faisait avec la lenteur qui caractérise les changements durables.

Aujourd'hui, après quinze ans d'essai, les manufacturiers eux-mêmes, qui, au premier moment, pensaient que la levée des prohibitions serait la ruine de leur industrie, reconnaissent que la concurrence étrangère n'est pas si dangereuse, et que la facilité des échanges, en augmentant le chiffre des affaires, diminue le prix de revient, et permet de faire en somme plus de bénéfice, tout en réduisant le profit de chaque opération.

Il ressort aussi de l'expérience tentée en 1860, que l'augmentation de travail, qui a été considérable, puisque le mouvement de nos importations et exportations réunies était en 1859 au commerce spécial de 3,097 millions, tandis qu'il a atteint le chiffre de 7,625 millions en 1874, a eu pour conséquence une notable élévation des salaires, et une diminution dans le prix des principaux articles de consommation, ce qui est un immense bienfait pour la classe ouvrière, qui représente la grande majorité du pays.

La continuation de la marche libérale adoptée en 1860, la diminution lente mais continue des droits sur les objets manufacturés, bien entendu à charge de réciprocité, la suppression des monopoles et la diminution des priviléges, paraissent donc être la ligne de conduite indiquée naturellement; et, au point de vue particulier qui nous occupe, celui de la diminution de la Misère par l'augmentation du travail, cette marche en avant est de la plus grande importance.

Si les quelques réflexions qui viennent d'être faites à cet égard ne suffisaient pas pour le prouver, deux ou trois exemples montreraient clairement tous les avantages de la liberté commerciale et industrielle.

Je suppose des droits soi-disant protecteurs sur la marine marchande. Un fabricant de meubles de Paris veut acheter du bois d'acajou aux Antilles, où il est à très-bas prix. Il ne s'y trouve pas pour le moment de navire français, et par navire étranger, il existe en France une surtaxe de droit importante, appelée surtaxe de pavillon. Il est obligé de renoncer à une opération qui aurait fourni beaucoup de travail aux ouvriers en ébénisterie de Paris.

Mais voici qu'un de ses concurrents belge ou allemand, dans le pays desquels il n'existe pas de surtaxe de ce genre, achète ces bois et les fait venir à Bruxelles ou à Berlin. — L'acheteur de meubles, qui connaît par expérience le goût et la bonne exécution des meubles français, s'adresse de préférence à Paris, mais l'acajou y est rare et cher. Il va donc à Bruxelles ou à Berlin, où il trouve à meilleur compte ce qu'il voulait prendre à Paris.

Voilà comment, par suite d'une mauvaise législation économique, le travail pourrait quitter un pays pour aller dans un autre, et comment, pour protéger soi-disant un intérêt particulier, on sacrifierait l'intérêt général.

Avec la liberté, une quantité importante de travail aurait été procurée au pays, depuis le manœuvre chargé de débarquer le bois, le chemin de fer employé à le transporter, le négociant qui l'achète et le vend, le courtier qui met en présence l'acheteur et le vendeur, jusqu'au fabricant, à l'ouvrier, au commissionnaire, vendeur, etc.

Voici un autre exemple. Je suis industriel en toiles peintes ou indiennes. Le goût français, universellement apprécié pour les produits de mon industrie, m'amène des acheteurs de toutes les parties du monde. Je suis en mesure de vaincre tous mes concurrents étrangers; j'ai de meilleurs ouvriers qu'eux, de meilleurs chimistes, de meilleurs dessinateurs; mais la façon de l'indienne n'étant que l'accessoire dans le prix de la marchandise, le tissu écru en représentant la plus grande partie, il est indispensable que je puisse acheter ce tissu à bon marché!

Or l'Etat, pour protéger soi-disant l'industrie de la filature et du tissage, a mis de forts droits sur les tissus étrangers entrant en France, ce qui fait que les tissus écrus y sont d'un prix toujours plus élevé que dans les pays voisins. Il ne m'est même pas permis d'en introduire à charge de réexportation!

Quelle en est la conséquence? — Payant la matière première beaucoup plus cher que mes concurrents étrangers, je ne puis plus vendre aussi bon marché qu'eux, les acheteurs étrangers, qui étaient tout disposés à me donner la préférence, m'abandonnent, et, de cette manière, une quantité considérable de travail échappe à mon pays.

Si les produits étrangers ne peuvent entrer en France qu'en payant de forts droits de douane, le renchérissement du produit en est la conséquence évidente. — Il en résulte naturellement que la vie devient plus coûteuse, et que la masse des consommateurs est imposée au profit de quelques privilégiés.

Ce n'est pas là le moyen de rendre la vie plus facile, le bon sens l'indique et nous montre que, pour vivre à bon compte, il est indispensable de pouvoir acheter les produits dont on a besoin, là où ils sont le meilleur marché.

Si mon voisin produit de la viande à meilleur compte que moi, grâce à ses nombreux pâturages, et si moi, de mon côté, je produis beaucoup de vin, par suite de ma bonne terre et de mon beau soleil, devons-nous chacun mettre de gros droits d'entrée sur nos produits réciproques, pour encourager et protéger la production du vin, là où il y a des pâturages, et celle de la viande, là où il y a de la vigne? Ne ferons-nous pas renchérir mutuellement nos produits, sans utilité pour personne.

Ne vaut-il pas mieux, au contraire, échanger librement nos produits et prendre la marchandise qui nous est nécessaire, là où elle est le meilleur marché, quitte à envoyer la nôtre en échange?.

Pour augmenter la somme de travail dans un pays, pour y avoir la vie à bon marché, pour diminuer enfin les causes de la Misère, il faut donc, au lieu d'entraver les échanges, les faciliter le plus possible.

De même que, par une mauvaise législation économique, l'État peut diminuer les sources du travail et augmenter les causes du paupérisme, de même, par des lois commerciales et industrielles intelligentes, il peut contribuer largement à répandre la prospérité; le rôle de l'Etat dans cette grande question est donc considérable; car ne vaut-il pas mieux encore prévenir la Misère que d'avoir à la soulager.

Voilà, en quelques mots, ce que la charité préventive publique ou administrative peut et doit faire, si elle est décidée à combattre vigoureusement le paupérisme; voyons maintenant quel doit être à cet égard le rôle de la charité individuelle.

CHAPITRE IV.

LA CHARITÉ PRÉVENTIVE PRIVÉE OU INDIVIDUELLE.

Le rôle de l'individu, du particulier, est considérable dans la charité préventive. L'action individuelle est ici bien plus forte que celle de l'Etat, car il n'y a pas de limite à son développement.

Elle peut s'exercer de plusieurs manières différentes; nous allons passer en revue les principales :

1° Par l'*instruction*, *l'éducation et la moralisation*, au moyen des Salles d'asile, des Écoles, des Ouvroirs, des Écoles professionnelles et d'apprentissage, des Écoles du dimanche, des Cours d'adultes, des Conférences populaires, des Bibliothèques;

2° Par la *prévoyance*, au moyen des Sociétés de secours mutuels;

3° Par l'*intérêt et l'association*, au moyen des Sociétés coopératives, de crédit, de production, de consommation, — des Cités ouvrières;

4° Par *des délassements honnêtes*, au moyen de Sociétés de chant et de musique, — des Concerts, — des Sociétés de gymnastique, — des Cercles d'ouvriers;

5° Par *divers autres moyens*, les Maisons de servantes, — les Sailors' home, — Hôtels de mousses, — Fourneaux économiques, — Bains et Lavoirs.

§ 1. — *Par l'Instruction, l'Éducation et la Moralisation.*

Écoles privées. — Écoles du Dimanche. — Ouvroirs.— Écoles professionnelles et d'apprentissage. — Cours. — Conférences. — Bibliothèques.

C'est à l'État que revient le soin de s'occuper de l'instruction publique en général, et nous avons vu qu'il s'acquitte de cette tâche au moyen des Salles d'asile, des Écoles primaires communales, des Cours d'adultes et des Bibliothèques scolaires. Mais son action, quelque bien organisée qu'elle soit du reste, ne suffit pas, et il est indispensable que l'initiative individuelle vienne lui prêter son concours.

Ce concours peut être donné au moyen d'*Écoles privées*, gratuites ou payantes. — Ces Écoles qui, de même que les Salles d'asile, sont déjà en grand nombre, ont l'avantage de permettre aux personnes qui les fondent, les dirigent ou les surveillent, d'agir sur ceux qui les fréquentent par la morale et la religion, d'une manière beaucoup plus complète que l'État ne peut et ne doit le faire dans ses Écoles.

En effet, il est généralement reconnu aujourd'hui que l'État, qui représente l'ensemble de la nation, doit rester, sinon indifférent, du moins neutre dans les questions religieuses, et qu'il doit accorder également sa protection à tous les cultes, sans en protéger un de préférence à l'autre.

Dans les institutions particulières, au contraire, il n'y a pas d'inconvénients à ce que chacun soit libre d'enseigner les croyances qui lui paraissent les meilleures, car les parents sont libres aussi d'y envoyer ou de ne pas y envoyer leurs enfants.

La moralisation par la religion peut donc se faire beaucoup mieux par l'initiative individuelle que par celle de l'État. On ne saurait donc trop recommander aux personnes qui désirent se rendre utiles et s'employer à lutter contre la misère, par les moyens préventifs que nous étudions dans ce moment, de fonder des Salles d'asile et des Écoles primaires de garçons et de filles. — C'est évidemment par l'instruction, surtout quand on veut y joindre un enseignement religieux éclairé, qu'on peut avoir la meilleure influence sur les enfants et le mieux les préparer aux difficultés de la vie. Les instruire, les diriger, leur indiquer la bonne voie, leur montrer où il faut chercher la force nécessaire pour résister au mal et pour faire le bien sera toujours le remède par excellence contre la misère et le mal.

Les *Écoles du dimanche*, qui sont une œuvre toute religieuse, et principalement protestante, atteignent ce but en expliquant simplement et clairement aux enfants la parole de Dieu.

Chaque dimanche on les réunit à l'Église; le pasteur fait une prière, lit et interprète quelques passages de la Bible, puis les moniteurs appartenant à toutes les classes de la société, et qui ont chacun 10 à 12 enfants à diriger, les font lire dans l'Évangile, leur expliquent ce qu'ils ont lu, et leur donnent quelques versets à apprendre par cœur.

Très-répandues dans les pays protestants, ces Écoles du dimanche donnent des résultats tels qu'elles devraient être imitées partout.

Les *Ouvroirs* ont pour but d'enseigner la couture, tout en exerçant sur les personnes qui les fréquentent une influence morale et religieuse. Ils peuvent devenir une sorte d'école de couture et occuper les jeunes filles toute la journée, sous la direction d'une institutrice, ou n'avoir lieu qu'une ou deux fois par semaine, sous la surveillance d'une personne de bonne volonté. — Dans le premier cas, ils se rapprochent de l'École d'apprentissage; dans le second, les mères de famille aussi bien que les jeunes filles peuvent en prendre la direction.

Ce dernier cas est surtout intéressant, car une femme dévouée, en réunissant une fois par semaine seulement quelques femmes, quelques jeunes filles, peut avoir sur elles la plus heureuse influence. Tout en les faisant travailler et coudre, elle leur fait une lecture morale qui provoque presque toujours une conversation sérieuse; elle peut en profiter pour donner quelques conseils, encourager celles qui sont malheureuses, comme aussi pour détruire les préjugés de celles qui sont ignorantes, et les instruire tout en les distrayant.

Celles dont on s'occupe ainsi sont heureuses et reconnaissantes de l'intérêt qui leur est témoigné; elles écoutent, avec plaisir, les conseils qui leur sont donnés, et se souviennent pendant toute la semaine de ce qu'on leur dit; se sentant soutenues, elles remplissent mieux leurs devoirs et marchent dans la vie avec plus de courage et de confiance.

Les jeunes femmes ou les jeunes filles sont particulièrement désignées pour créer des Ouvroirs. En facilitant l'avenir de tant de jeunes filles pauvres, de tant de femmes malheureuses, en cherchant à les placer et à leur procurer du travail, elles feront non-seulement du bien aux autres, mais encore elles se développeront elles-mêmes, et trouveront ainsi une source de bonheur et de réelle satisfaction.

Ces Ouvroirs rendent donc de grands services, et comme ils sont faciles à organiser et peu coûteux, puisqu'une salle ordinaire, chauffée en hiver suffit, on ne saurait trop en recommander la fondation, aussi bien à la campagne qu'à la ville.

Les *Écoles professionnelles et d'apprentissage* sont une des plus belles œuvres de l'initiative individuelle.

Elles ont pour but de prendre, au sortir de l'École primaire, les jeunes gens et les jeunes filles pour leur enseigner un état, tout en continuant à les instruire pendant quelques heures de la journée, comme en exerçant sur eux une influence morale.

On enseigne, en général, aux jeunes gens, la menuiserie, le dessin de machines, la fonderie, la forge et l'ajustage, et aux jeunes filles, la couture à la main et à la machine, la gravure sur bois, la peinture sur porcelaine, la comptabilité, etc.

En deux ou trois années l'apprentissage est terminé, il a pu se faire méthodiquement et avec un soin tout particulier; aussi les élèves qui sortent de ces écoles trouvent-ils facilement à se placer.

Cette institution nouvelle, qui appartient au domaine de l'instruction, touche aussi à celui de la charité préventive, car elle ouvre aux jeunes gens une carrière dans laquelle ils sont sûrs, avec du travail, de réussir, puisqu'ils y font un apprentissage à la fois théorique et pratique, bien préférable à celui qui se fait dans les ateliers.

Ces écoles ont un autre avantage, c'est de mettre les apprentis à l'abri des mauvais exemples, des conversations souvent pernicieuses de l'atelier, et même de l'exploitation des patrons, qui se servent souvent d'eux, plutôt comme domestiques que comme ouvriers.

A tous les points de vue, sous le rapport de l'enseignement professionnel, de l'instruction, de la moralité et des chances de placement et d'avancement, elles sont donc excellentes; elles rendent de très-grands services, et ne manqueront sans doute pas de se développer (1).

_____

(1) Pour de plus amples renseignements, s'adresser à l'École d'apprentissage de Garçons du Havre, nº 1, rue Bernardin-de-St-Pierre, et aux Écoles professionnelles de Filles de Paris : nº 40, rue Hauteville ; nº 70, rue d'Assas ; nº 25, rue de Reuilly ; nº 31, rue des Francs-Bourgeois ; nº 18, rue St-André-Montmartre.

Enfin, l'action de la charité préventive privée, pour ce qui touche à l'instruction, peut s'exercer par des *Cours*, des *Conférences* et des *Bibliothèques*. Le peuple est aujourd'hui extrêmement désireux de s'instruire, et saisit volontiers toutes les occasions qui se présentent pour le faire, surtout si on sait rendre l'instruction attrayante.

C'est à cela qu'il importe de viser; il faut s'efforcer, dans un Cours comme dans une Conférence, d'être simple, pratique et vivant; il est nécessaire aussi d'être court; trois quarts d'heure à une heure sont un temps largement suffisant; ce dernier terme même ne devrait jamais être dépassé, sous peine de fatiguer son auditoire et de l'empêcher de revenir. — Quand on a trouvé une Conférence trop longue, on ne désire point en entendre une seconde; quand on l'a trouvée trop courte, on se réjouit d'assister à la suivante.

Les Conférences publiques sont forcément un peu superficielles, étant trop courtes et trop peu suivies pour pouvoir instruire beaucoup. Néanmoins, si leur résultat immédiat n'est pas toujours considérable, elles donnent le goût de l'instruction; et elles fournissent l'occasion de faire réfléchir les masses, sur une foule de questions aussi bien scien-

·tifiques que morales, sur lesquelles les ouvriers ont souvent des idées préconçues et fausses.

L'influence des Conférences est donc bonne; elles moralisent tout en amusant et en distrayant, et font passer en famille un moment agréable, en fournissant de nombreux sujets de conversation.

Il n'est pas indispensable d'avoir pour les faire un orateur de renom. Cela est préférable sans doute, mais que chacun y mette de la simplicité et de la bonne volonté; l'un lira sa Conférence, l'autre lira celle d'un grand écrivain, un autre plus avancé racontera quelque biographie, l'essentiel est d'être élémentaire et de parler clairement.

Bien des gens viendront à la Conférence pour se distraire, prendront intérêt à ce qu'ils y entendent, et s'y rendront enfin pour s'instruire. La Conférence conduit au Cours, et le Cours à la Bibliothèque.

Les *Cours* peuvent avoir une action plus directe mais moins étendue, et chacun peut ici rendre des services sans grande peine. Rien n'est plus facile, en effet, que de réunir autour de soi 20 ou 30 personnes pour leur faire un petit Cours d'histoire, de géographie, ou même de lecture et d'arithmétique.

Enfin, par les *Bibliothèques*, on peut faire beaucoup de bien et une Bibliothèque n'est pas difficile à organiser.

Ces trois manières d'instruire sont donc excellentes et elles ont été employées ces dernières années, principalement par la Ligue de l'Enseignement, fondée en France par M. Jean Macé, et qui compte aujourd'hui environ 80 Groupes ou Cercles dans les principales villes de notre pays (1).

Il est permis d'affirmer que ces moyens d'instruire et de moraliser, amènent des résultats certains; aussi ne saurait-on trop encourager ceux qui, voulant être utiles à leurs semblables, pensent que les hommes se doivent les uns aux autres, et croient au progrès comme ils ont foi dans l'avenir, à donner des Cours et des Conférences, et à organiser des Bibliothèques populaires.

C'est en s'occupant des autres que les jeunes gens se formeront une idée exacte de la vie, c'est ainsi qu'ils pourront acquérir du jugement, développer leurs facultés, arriver enfin à avoir une

---

(1) Pour plus de renseignements sur l'œuvre de la Ligue de l'Enseignement, s'adresser au Secrétaire du Cercle Parisien de la Ligue de l'Enseignement, n° 175, rue St-Honoré, ou au Président du Groupe havrais de la Ligue de l'Enseignement, au Havre.

influence heureuse et méritée sur leurs conci-
toyens.

Jeunes gens, ayez l'ambition de bien faire, occu-
pez-vous des autres; vous savez apprécier pour
vous-mêmes les bienfaits de l'instruction, sachez
aussi en faire profiter ceux qui sont moins fortunés
que vous; ayez un idéal élevé, celui de travailler au
progrès de l'humanité, chassez ces idées égoïstes
qui poussent l'homme à ne penser qu'à ses intérêts
ou à ses passions, croyez au bien et à son
triomphe sur tout ce qui est bas et vil, n'oubliez pas
enfin qu'en travaillant à instruire et à moraliser les
autres, tout en forgeant des armes contre la misère,
cette plaie de la société, vous travaillerez à votre
propre bonheur.

§ 2. — *Par la Prévoyance.*

Sociétés de Secours mutuels. — Caisses de Prévoyance, etc.

Les *Sociétés de secours mutuels* doivent être ran-
gées parmi les œuvres dues à l'initiative individuelle, car tout en étant régies par des lois et
soumises à l'approbation du gouvernement, elles
ne sont ni fondées, ni organisées par lui.

Ces Sociétés ont un double caractère : elles sont à la fois institutions de prévoyance et d'assistance. Quoique existant depuis longtemps, elles ne furent réglementées par une loi qu'en 1850.

Leur but est d'assurer des secours temporaires à leurs sociétaires malades, blessés ou infirmes, et de pourvoir aux frais de leur ensevelissement. A cet effet, tous les membres paient une cotisation mensuelle qui sert à couvrir les frais de médecins, médicaments, enterrements et secours.

Dans le principe, elles donnaient quelquefois des pensions de retraite, mais ces pensions devenant fréquemment pour elles une cause de ruine, la loi de 1850 les interdit. — Cependant le décret de 1852 les autorisa à promettre des pensions de retraite dans les cas où il y aurait un nombre de membres honoraires suffisant, mais la distribution de secours en cas de chômage leur fut toujours défendue.

Les membres des Sociétés de secours mutuels se divisent en associés participants et en membres honoraires. Ces derniers sont pris parmi les patrons et les personnes riches de la localité, qui fixent souvent eux-mêmes le montant de leur souscription.

Quant aux membres ordinaires, leur cotisation est en général de 1 fr. à 1 fr. 50 par mois.

On calcule que la moyenne des dépenses par tête s'établit comme suit :

Indemnité de F. 1 par jour pour cinq jours (moyenne des maladies)............... F.	5	—
Honoraires des médecins.. .... »	1	80
Frais de médicaments...................... »	2	20
Frais d'enterrement .,..................... »	—	50
Secours aux veuves et orphelins .... »	—	50
Frais d'administration, etc .... »	1	—
F.	11	—

Cette moyenne est nécessairement assez variable, suivant les localités.

Pendant longtemps, on ne voulait pas admettre les femmes dans les Sociétés de secours mutuels, pensant que, plus exposées que les hommes aux maladies, elles seraient une charge trop lourde.

Mais on est revenu de ces craintes, et elles sont admises aujourd'hui dans un grand nombre de Sociétés, à la condition de recevoir un secours moins élevé que celui des hommes, leur cotisation étant plus faible.

L'approbation préfectorale est nécessaire pour la fondation des Sociétés de secours mutuels; mais une fois accordée, elles peuvent recevoir des dons et des legs.

L'administration ne cesse du reste d'en encourager la fondation, car leurs excellents résultats sont si généralement reconnus, que le décret de 1852 enjoignit à chaque commune, dans laquelle le besoin s'en ferait sentir, d'en créer une, et le Préfet fut chargé de déclarer l'utilité de cette création.

Malheureusement toutes les communes n'en possèdent pas encore; mais il appartient à l'initiative individuelle de concourir à la création de ces Sociétés, en aidant à réunir comme à grouper les personnes qui peuvent en faire partie (1).

Ces Sociétés sont utiles à la campagne comme dans les villes, et elles sont, sans contredit, parmi les meilleures institutions de la charité préventive; aussi tendent-elles à se répandre de plus en plus.

---

(1) Consulter, à cet effet, l'excellent ouvrage de M. Emile Laurent : *Le Paupérisme et les Associations de prévoyance*, 1855.-- Guillaumin et Cie.

Voici un tableau statistique des Sociétés de secours mutuels, qui sera consulté avec fruit (1) :

ANNÉES — au 31 décembre	NOMBRE TOTAL des sociétés	MEMBRES participants	MEMBRES honoraires	CAPITAL de réserve et fonds de retraite
1855.........	3.123	386.662	41.434	14.978.104
1860....... .	4.327	494.683	65.137	24.404.037
1865.........	5.288	685.542	96.956	39.830.673
1870.........	5.788	714.215	111.436	52.470.985
1872.........	5.793	694.241	107.570	57.990.889
1873.........	5.777	717.653	108.288	62.633.532

La charité préventive privée peut encore agir par la prévoyance, au moyen de caisses fondées par les patrons ou les ouvriers eux-mêmes, dont le but est de procurer des pensions viagères après un certain nombre d'années de travail, ou passé un certain âge, ou de donner un capital fixe à un âge déterminé.

Les conditions de fonctionnement de ces caisses peuvent varier à l'infini; en général, elles sont alimentées par une cotisation directe des ouvriers ou par une retenue sur les salaires; mais elles peuvent l'être différemment.

---

(1) Statistique de la France, par Maurice Block, tome I, page 347. 1873. — Paris, Guillaumin et C⁰.

Quelquefois les patrons leur réservent une certaine part dans les profits de leur inventaire, et ce système, qui est une variété de l'association des ouvriers aux bénéfices des patrons, dont nous dirons quelques mots tout à l'heure, est très-recommandé par M. de Courcy (1).

La Compagnie d'assurances générales a organisé une caisse de ce genre. D'abord caisse de *retraites*, elle s'est transformée en caisse de *prévoyance* après que l'expérience eût montré que la grande majorité de ses employés préférait recevoir à un âge déterminé les intérêts d'une certaine somme, réservant ainsi la somme elle-même à leurs héritiers, plutôt qu'une pension de retraite cessant avec leur vie. — Elle alimente cette caisse par un prélèvement de 5 % sur ses bénéfices; cette subvention annuelle est distribuée entre les comptes individuels au prorata des traitements respectifs. Chaque employé a un compte particulier qui est crédité de la part qui lui revient, et recevant chaque année le décompte de son avoir, qui porte intérêt à 4 % l'an, il peut suivre ses progrès. — Le livret de

(1) Voir L'Institution des Caisses de prévoyance des Fonctionnaires, Employés et Ouvriers, par M. de Courcy, 1873.— Paris, Armand Anger.

chacun s'augmente encore des déchéances, en cas de démission volontaire ou de révocation pour mauvaise conduite; mais ce n'est qu'au bout de 25 ans de service ou de 65 ans d'âge que l'employé a droit à la somme portée sur son livret. Alors il peut régler son compte individuel, et la somme qui y est portée lui est définitivement acquise.

Ce système a eu d'excellents résultats à la Compagnie d'assurances générales, où les employés sont peu nombreux et les bénéfices importants; mais dans un établissement industriel où le nombre des ouvriers est considérable, les résultats seraient moindres.

On ne peut cependant qu'encourager la fondation de Caisses de retraites ou de prévoyance, alimentées par une participation dans les bénéfices des patrons; ce système est excellent et peut être appliqué aussi bien dans les maisons de commerce et les sociétés financières que dans les établissements industriels.

§ 3. — *Par l'Association et l'Intérêt bien compris.*

Sociétés coopératives de Crédit, — de Production,
de Consommation. — Cités ouvrières.

Les *Sociétés coopératives* sont une autre forme de
la mutualité et de la solidarité, appelée à rendre
aussi de grands services; leur création comme leur
organisation a beaucoup préoccupé et préoccupe
encore les classes laborieuses.

L'union fait la force et l'association facilite bien
des résultats que l'individu seul ne pourrait pas
obtenir. — Il ne faut pas en conclure que par l'association on peut vaincre tous les maux, même la
Misère, et qu'il suffit de former une Société coopérative pour passer de la pauvreté à la richesse. Pour
qu'une association soit fructueuse, il est nécessaire
que chacun des associés redouble d'énergie, d'intelligence, de travail et de soins.

L'association coopérative n'est donc pas un
remède infaillible, mais pouvant contribuer à faciliter la vie de l'ouvrier; elle l'amènera à améliorer
graduellement sa position, et l'empêchera de tomber

dans la misère; à ce titre, elle mérite donc d'attirer toute notre attention.

Les Sociétés coopératives, qui datent d'une trentaine d'années, peuvent se diviser en *Sociétés de crédit*, *Sociétés de production* et *Sociétés de consommation* (1).

Les premières, qui prennent la forme de *Banques populaires*, sont fondées en général par actions de 25 ou de 50 francs; elles existent surtout en Allemagne, où leur succès a été très-grand et où elles ont été organisées par M. Schulze-Delitzsch.

Les Banques populaires ont pour but de faire un petit crédit à chacun de leurs membres actionnaires. — Tout adhérent paie une cotisation et a droit à un crédit à découvert de l'importance des actions qu'il possède; il peut, en outre, obtenir un crédit supplémentaire en fournissant la caution d'un de ses coassociés.

La solidarité qui s'établit ainsi entre les associés

____

(1) *Les Associations ouvrières de consommation, de crédit, de production, en Angleterre, en Allemagne et en France*, par Eug. Véron, 1865. — Paris, Hachette et Cⁱᵉ.

La Question ouvrière au XIXᵉ siècle, par Paul Leroy-Beaulieu, 1872. — Paris, Charpentier et Cⁱᵉ.

Cours d'Économie politique à l'usage des Ouvriers et des Artisans, par Schulze-Delitzsch, traduit par Benj. Rempal, 1874. — Paris, Guillaumin et Cⁱᵉ.

a de bons résultats, et ces Banques rendent en Allemagne des services très-appréciés; mais il faut dire qu'elles existent surtout parmi les artisans qui ont besoin d'un petit capital pour développer leur commerce ou leur industrie, plutôt que parmi les ouvriers.

En Allemagne cette classe de petits artisans ou de petits industriels est nombreuse, et justifie en quelque sorte la réussite des Banques populaires; mais, en Angleterre et en France, où ces Sociétés de crédit se composent surtout d'ouvriers, elles n'ont pas eu le même succès et se sont peu développées.

En effet, l'ouvrier proprement dit n'a pas besoin d'avances pour son travail; il a donc la tentation d'utiliser le crédit dont il peut disposer pour ses besoins personnels, et une fois la dépense faite, il lui devient difficile de rembourser la Banque, qui trop souvent se trouve en perte.

Les Sociétés coopératives de crédit ne sont donc pas à recommander d'une manière particulière en France, autrement que comme une opération commerciale; au point de vue particulier qui nous occupe, elles n'ont qu'un intérêt très-secondaire.

Les *Sociétés coopératives de production* provoquent

l'association des ouvriers entre eux, pour former un établissement industriel et réaliser ainsi les bénéfices du patron. — Les actions sont en général d'une somme peu élevée, 50 ou 100 francs, et chaque ouvrier doit être possesseur d'une ou de plusieurs actions. — Les gérants de la Société sont nommés par l'assemblée générale des sociétaires, et les bénéfices sont répartis entre tous les ouvriers actionnaires à la fin de l'année.

En théorie ce système paraît excellent; mais en pratique, il n'a pas donné jusqu'ici les résultats qu'on en attendait, et qu'on est du reste en droit d'en attendre pour l'avenir.

Ces Sociétés de production ont été essayées en Angleterre, en Allemagne et en France, et plusieurs d'entre elles existent et réussissent, mais un grand nombre ont été obligées de se dissoudre. Pour produire de bons résultats, il faudrait que les ouvriers fussent plus instruits, plus habitués aux affaires et moins exclusifs. Au lieu de vouloir tout faire par eux-mêmes, ils devraient s'entendre avec les patrons, leur laisser la gestion de la Société, et se borner, en outre d'un salaire déterminé, à recevoir le revenu proportionnel des actions dont ils seraient propriétaires.

Le capital et le travail ainsi associés, offriraient toutes les garanties de succès désirables, et nul doute que la coopération ne produise dans ces conditions de bons résultats.

C'est, du reste, la marche qui a été suivie ces dernières années en Angleterre, où, dans les environs de Manchester notamment, un grand nombre de filatures de coton ont été créées sur ces bases. Le capital est fourni, partie par des industriels ou capitalistes, partie par des ouvriers ; les actions sont d'un chiffre peu élevé, pour permettre au plus grand nombre possible d'ouvriers ou de petites bourses de prendre part à l'affaire. Le Conseil d'administration, nommé par les actionnaires, est pris parmi les industriels de préférence, le directeur est nommé par lui, sans égard aux ouvriers actionnaires, et dans ces conditions, ces Sociétés coopératives de production, qui ne sont en réalité qu'une affaire ordinaire à laquelle les ouvriers sont autorisés à participer, donnent de très-bons résultats.

Dans le même ordre d'idées, on s'est beaucoup occupé ces dernières années de la participation des ouvriers aux bénéfices des patrons. — Ici l'ouvrier n'est plus associé, il n'a aucune action à prendre, aucun fonds à fournir, le patron est seul chef et n'a de compte à rendre à personne, mais pour encourager ses ouvriers il leur donne une certaine part dans ses bénéfices. — S'il y a perte, l'ouvrier, contrairement au système précédent, n'y participe pas, la perte incombe au chef de l'établissement, mais aussi la plus grosse part des bénéfices lui revient.

En général, cette part est répartie entre les ouvriers proportionnellement à leurs salaires, ce qui est fort juste, et les stimule au travail, mais elle est difficile à appliquer dans beaucoup d'industries, ce qui a empêché jusqu'ici ce système d'être adopté d'une manière quelque peu générale.

Dans les industries où la main-d'œuvre joue un grand rôle, comme celles des mines, de la peinture en bâtiments, etc., cette participation est facile à déterminer et donne des résultats satisfaisants, mais dans les industries où la main-d'œuvre n'est qu'un faible accessoire, et où les machines sont le grand agent producteur, la situation est bien différente.

Quoi qu'il en soit, cette question est très-agitée aujourd'hui, et il n'est pas douteux que cette idée, si juste et si morale, ne fasse son chemin, et ne modifie avantageusement les rapports entre patrons et ouvriers. C'est par la fusion des intérêts que, d'adversaires qu'ils étaient, ils deviendront en quelque sorte coassociés, solidaires les uns des autres, et que les chômages, les grèves et les difficultés entre le capital et le travail tendront de plus en plus à disparaître.

En Angleterre et en France, il existe déjà un certain nombre d'établissements, dans lesquels la participation des ouvriers dans les bénéfices des patrons existe, notamment ceux de MM. Briggs, à Whitwood, grande mine de charbon; l'entreprise de peinture en bâtiments de MM. Leclaire Defourneaux et Cie, à Paris; l'établissement de M. Bord, facteur de pianos, etc., etc., et, en général, on est satisfait des résultats qu'elle donne. Espérons que cette mesure se répandra de plus en plus, car c'est dans l'association et dans la participation, établies avec mesure et justice, réservant au capital la grande part qui lui est due, mais donnant au travail une certaine part, que réside la solution, si difficile, du reste, de la question ouvrière.

Au point de vue particulier auquel nous nous plaçons, la recherche des moyens par lesquels l'initiative individuelle peut prévenir la misère, cette question est certainement de la plus grande importance, et sans entrer dans tous les développements que comporte cet intéressant sujet, nous devions en dire quelques mots, ne fût-ce que pour engager tous ceux qui désirent l'amélioration du sort des ouvriers à l'étudier davantage (1).

Les *Sociétés coopératives de consommation* sont probablement, parmi les associations coopératives, celles qui offrent l'avantage le plus direct et le plus rapide, et qui sont le moins difficiles à organiser.

Leur but est d'acheter en gros les principaux objets de consommation journalière, tels que café, sucre, épiceries, huile, vin, vêtements, souliers, etc.; de fabriquer même le pain, et de vendre ces diverses marchandises, en détail et au comptant, aux membres de la Société. Les adhérents font ainsi eux-mêmes le bénéfice du détaillant, et quoique ce bénéfice ne soit en général pas aussi considérable qu'on le suppose, chaque sociétaire reçoit à la fin de l'année, au prorata de ses achats, une certaine somme représentant le profit réalisé.

---

(1) Voir à ce sujet : *La suppression des Grèves, par l'association aux bénéfices*, par Charles Robert, 1870.— Paris, Hachette et Cie.

La Question ouvrière au XIXe siècle, par Paul Leroy-Beaulieu, 1872. — Paris, Charpentier et Cie.

Ces Sociétés ont donc l'avantage de faciliter la vie en procurant une économie sur les objets consommés; elles offrent de plus une garantie pour la qualité de ces objets, et enfin elles habituent l'ouvrier à payer comptant au lieu d'acheter à crédit. — Le crédit est pour lui un grand danger et une fréquente cause de misère; à ce titre seul, les Sociétés coopératives de consommation rendraient déjà un grand service.

Ce n'est pas qu'elles ne présentent des difficultés d'organisation : l'ignorance des sociétaires, et surtout leur inexpérience dans les questions d'affaires, occasionnent souvent de graves erreurs. Il n'est pas si facile de bien acheter, de tenir ses écritures en ordre, d'avoir de bons produits et de savoir être aimable encore avec ses acheteurs! Aussi l'écueil de ces Sociétés est-il dans le choix du directeur.

Le meilleur moyen de bien organiser une Société coopérative de consommation est de fonder une Société par actions de 50 francs, à capital variable, et de faire prendre ces actions par les ouvriers disposés à en faire partie. — Les sociétaires trouvés, nomment un conseil d'administration qui choisit le gérant. — Celui-ci, de qui dépend en grande partie le succès de l'établissement, doit connaître le commerce et l'avoir pratiqué; il n'est pas nécessaire que ce soit un homme; une femme veuve, ou la femme d'un ouvrier peut parfaitement remplir ces fonctions, à condition d'être honnête et d'avoir de l'instruction. Le gérant doit être bien rétribué; il achète, vend, tient les écritures et fait toutes les opérations de la Société, sous la surveillance du conseil d'administration. C'est lui qui est chargé de faire l'inventaire et de dresser l'état du bénéfice qui revient à chacun.

A cet effet, tous les sociétaires ont un carnet dans lequel on inscrit le montant de leurs achats. Leur part dans les bénéfices est fixée à l'inventaire, suivant l'importance de ces achats.

Lorsque la mesure du paiement comptant n'est pas facilement applicable, ce carnet sert aussi à faciliter une avance de la façon suivante : chaque sociétaire a droit à un crédit égal à l'importance de ses actions; cette somme est inscrite en tête de son carnet, et le gérant est autorisé, contre le dépôt de ses actions, à n'exiger le paiement des objets achetés, que lorsque cette somme est atteinte, ou, en tous cas, à la fin de chaque mois.

De cette manière, la Société ne court aucun

risque, et l'ouvrier peut recourir au besoin au crédit.

Il existe, tant en France qu'en Angleterre et en Allemagne, un grand nombre de Sociétés de ce genre, et, en général, elles sont en bonne voie; c'est certainement la forme d a coopération qui jusqu'ici a le mieux réussi, et il est très-désirable que le nombre de ces Sociétés de consommation continue à augmenter.

En combattant de nombreuses causes de misère, elles donnent à l'ouvrier des habitudes d'ordre et de prévoyance; elles lui apprennent à s'occuper d'affaires, et le préparent, on ne peut mieux, à profiter plus tard de tous les avantages que lui promet la coopération.

Après avoir étudié le rôle de l'association, voyons quelle influence, l intérêt bien compris, peut avoir sur la misère.

Les *Cités ouvrières* nous le montreront.

Les Cités ont pour but de fournir aux ouvriers de petites maisons séparées, bien bâties, saines et propres, ayant cour et jardin si possible, à un prix relativement bas, et de leur offrir les moyens d'en devenir propriétaires, à la charge par eux de payer pendant un certain nombre d'années, en sus de la location ordinaire, une petite somme mensuelle qui tient lieu d'amortissement et permet à ceux qui les ont créées de rentrer dans leurs fonds.

La première idée des Cités ouvrières vint d'Angleterre; mais dès 1852 la Société industrielle de Mulhouse, sur la proposition de M. Jean Zuber, mit la question à l'étude, et voici comment s'exprimait son rapporteur, M. Penot, en date du 30 juin 1852 :

« La commodité, la propreté d'un logement
« influent, plus qu'on ne le supposerait d'abord
« peut-être, sur la moralité et le bien-être d'une
« famille. Celui qui ne trouve en rentrant chez lui
« qu'un misérable taudis, sale, en désordre, où il
« ne respire qu'un air nauséabond et malsain, ne
« saurait s'y plaire, et le fuit pour passer au cabaret
« une grande partie du temps dont il dispose.
« Ainsi son intérieur lui devient presque étranger,
« et il contracte bientôt de funestes habitudes de
« dépenses, dont les siens ne se ressentent que
« trop, et qui aboutissent presque toujours à la
« misère. Si au contraire nous pouvons offrir à
« ces mêmes hommes des habitations propres et
« riantes; si nous donnons à chacun un petit
« jardin, où il trouvera une occupation agréable

« et utile, où, dans l'attente de sa modeste récolte,
« il saura apprécier à sa juste valeur cet instinct de
« la propriété que la Providence a mis en nous,
« n'aurons-nous pas résolu d'une manière satis-
« faisante un des problèmes les plus importants de
« l'économie sociale? N'aurons-nous pas contribué
« à resserrer les liens sacrés de la famille, et rendu
« un véritable service à la classe si intéressante de
« nos ouvriers et à la société elle-même? »

A la suite de ce rapport, M. Jean Dollfus et quelques autres industriels fondèrent la Société mulhousienne des Cités ouvrières au capital de 355,000 francs. Cette Société, qui n'a cessé de construire des maisons au fur et à mesure des ventes, est arrivée aujourd'hui, après 23 ans d'existence, au chiffre total de 892 maisons!

Voici sur ses opérations un tableau ir·' ·sant :

ÉTAT DES CONSTRUCTIONS, VENTES DE MAISONS, VERSEMENTS PAR LES ACHETEURS, ETC., DE 1854 A 1875

Années au 30 Juin	MAISONS CONSTRUITES			MAISONS VENDUES			RESTE À VENDRE		SOMMES VERSÉES				RESTE DU au 30 Juin	
	dans l'année	en-semble	prix coûtant	dans l'année	en-semble	prix de ventes	nombre	prix	dans l'année (FR.)	(C.)	ensemble au 30 Juin (FR.)	(C.)	(FR.)	(C.)
1854	100	100	236.300	49	49	118.725	51	137.675	26.044	50	26.044	50	92.680	50
1855	92	192	516.775	38	67	167.900	125	348.875	21.731	—	47.775	—	125.126	50
1856	40	232	610.775	5	72	183.375	160	427.400	21.325	45	69.100	95	114.274	05
1857	72	304	777.075	55	127	332.475	177	444.600	52.292	25	121.393	20	211.081	80
1858	96	400	1.069.000	109	236	618.800	164	450.200	76.315	50	197.708	70	421.091	30
1859	28	428	1.151.475	61	297	777.400	131	374.075	91.646	50	289.355	20	488.044	80
1860	0	428	1.151.475	67	364	960.875	64	200.600	111.345	80	404.701	—	644.282	10
1861	128	556	1.530.275	87	451	1.229.925	105	321.250	134.591	60	533.292	60	840.832	—
1862	4	560	1.563.475	39	490	1.346.525	70	216.950	146.306	65	681.599	25	863.073	90
1863	56	616	1.753.875	58	548	1.538.825	68	215.050	145.410	85	827.010	10	894.256	75
1864	0	616	1.753.875	4	552	1.551.775	64	202.100	153.707	15	980.717	25	926.616	80
1865	76	692	1.984.275	47	599	1.696.675	93	287.500	173.958	70	1.154.675	95	1.031.007	50
1866	0	692	1.984.275	34	633	1.800.275	59	181.000	164.875	—	1.323.550	95	1.040.549	75
1867	108	800	2.373.275	81	714	2.101.625	86	271.650	187.279	40	1.510.830	35	1.169.321	90
1868	40	840	2.481.275	56	768	2.271.325	72	209.950	195.257	85	1.706.088	20	1.224.029	10
1869	20	860	2.522.575	44	812	2.404.625	68	118.950	236.974	85	1.943.063	05	1.211.931	35
1870	32	892	2.610.675	47	859	2.539.125	35	71.550	209.707	40	2.152.770	45	1.210.990	—
1871	0	892	2.610.675	0	858	2.535.275	34	75.400	102.012	—	2.253.782	45	1.181.715	08
1872	0	892	2.610.675	0	847	2.496.275	45	114.400	135.371	45	2.389.153	90	1.074.893	30
1873	0	892	2.610.675	0	847	2.494.975	45	115.700	169.498	85	2.458.652	75	980.565	10
1874	0	892	2.610.675	13	874	2.569.975	18	40.700	171.768	80	2.730.421	55	955.572	10
1875	0	892	2.610.675	12	886	2.594.975	6	15.700	189.965	15	2.920.386	70	854.186	40

Les maisons qu'elle construit sont toujours séparées et ne peuvent servir qu'à un seul ménage; elles contiennent en général 4 chambres, une cuisine et une cave; leur prix varie de 2,600 à 3,300 francs, et pour devenir propriétaire en 14 ans d'une maison de 3,000 francs, l'ouvrier est obligé de payer d'abord une somme de 300 francs pour acquitter les droits et les frais de contrat, puis 25 francs par mois (1).

S'il avait été simple locataire, il aurait payé pour le même logement au moins 18 ou 20 francs par mois; ainsi, moyennant un petit surcroit de dépenses, il sera devenu propriétaire de sa maison au bout d'un certain nombre d'années, et il en aura joui dès le commencement de son contrat.

Cette combinaison est aussi simple que productive d'excellents effets, car l'ouvrier, qui a l'espérance de devenir propriétaire, consacre tous ses soins à sa maison; il prend goût à son intérieur, cultive lui-même son jardin, abandonne le cabaret et devient un véritable conservateur.

---

(1) Pour de plus amples détails voir : *Les Cités ouvrières de Mulhouse et du Haut-Rhin*, par A. Penot, 1867. — Mulhouse, Imp. Bader. — Paris, Eugène Lacroix.

« C'est l'appel à ce sentiment de propriété qui
« constitue l'originalité de la Société mulhou-
« sienne, dit M. E. Levasseur (1). Ailleurs des
« philanthropes ont élevé de grands bâtiments
« dans les villes; des fabricants dans les campagnes
« ont construit de petites maisons près de leur
« usine; mais leur dessein s'est borné à procurer
« des logements commodes à prix réduit ou à titre
« gratuit. Donner la propriété, c'est-à-dire attacher
« au sol une population pauvre à demi-nomade,
« mettre à sa portée le capital le plus envié des
« hommes, la terre, astreindre à l'épargne, par
« une contrainte volontairement acceptée, la
« population la plus imprévoyante, était une con-
« ception d'une portée beaucoup plus haute, et
« est assurément le moyen le plus efficace qu'on
« ait jusqu'ici imaginé pour aider au développe-
« ment de la moralité dans la classe ouvrière. »

L'exemple de Mulhouse a été suivi un peu partout, à Lille, à Guebwiller, à Beaucourt, à Rou-
baix et tout récemment au Havre, et partout il a
donné les mêmes excellents résultats.

---

(1) *Histoire des Classes ouvrières en France depuis* 1789, tome II, page 411,
1867. — Paris, Hachette et C⁰.

Au Havre, une Société anonyme, la Société havraise des Cités ouvrières, s'est formée en 1871 au capital de 200,000 francs, et a construit déjà 70 maisons, dont les dernières ont été vendues, même avant d'être terminées, tant on les recherchait.— Le type de ses maisons est très-heureusement choisi, elles sont deux à deux pour profiter d'un mur mitoyen, ont 4 chambres, 2 au rez-de-chaussée, dont une servant de cuisine et de chambre à manger et 2 au premier étage, un jardin sur le devant et une petite cour par derrière. Cette cour est des plus importantes, car elle sert de débarras, et on y met tout ce qui pourrait occasionner du désordre ailleurs.

Le terrain étant cher au Havre, il n'a pas été possible de donner des jardins aussi grands qu'à Mulhouse ; en effet, tandis que dans cette dernière ville le terrain des Cités n'a coûté que 1 franc le mètre carré, il en a coûté 5 dans la première, ce qui fait que la superficie de chaque propriété n'y est que de 100 à 120 mètres carrés, contre 200 à 300 à Mulhouse.

Les constructions aussi sont plus chères au Havre qu'en Alsace, et les maisons, tout en y étant plus petites, coûtent de 3,000 à 3,600 francs, mais les acquéreurs ont la faculté de se libérer à leur choix en plus ou moins d'années, suivant le tableau d'amortissement que voici (1) :

TABLEAU D'AMORTISSEMENT

Indiquant la quotité des Versements à effectuer pour solder le prix d'une Maison de F. 3,000 — , dans un délai variant de 1 à 20 ans, à la volonté de l'Acquéreur.

TERME de Libération	VERSEMENT annuel	VERSEMENT mensuel	PROPORTION par 100 fr. et par an
ANNÉES			
1	3.150 —	262 50	105 — %
2	1.613 40	134 45	53 78 »
3	1.101 60	91 80	36 72 »
4	846 —	70 50	28 20 »
5	693 —	57 75	23 10 »
6	591 —	49 25	19 70 »
7	518 40	43 20	17 27 »
8	463 10	38 65	15 47 »
9	421 80	35 15	14 06 »
10	388 20	32 35	12 94 »
11	361 15	30 10	12 04 »
12	338 45	28 20	11 28 »
13	319 35	26 60	10 64 »
14	303 —	25 25	10 10 »
15	288 95	24 05	9 63 »
16	276 70	23 05	9 23 »
17	266 —	22 15	8 87 »
18	206 55	21 35	8 55 »
19	248 15	20 65	8 27 »
20	240 70	20 05	8 02 »

(1) Pour plus de détails, s'adresser à M. F. Mallet, un des Fondateurs et Administrateur délégué de la Société havraise des Cités ouvrières, n° 23, rue de l'Orangerie, Havre.

Voici, du reste, les conditions de vente des maisons de la **Cité Havraise** :

« Un premier versement de 300 francs, payé comptant, pour une maison de 3,000 francs, et devant servir à payer les frais de contrat.

« Un paiement mensuel de 24 fr. 05 c. par mois pour devenir propriétaire en 15 années, ou de 20 fr. 05 c. en 20 années, suivant le tableau ci-dessus.

« Faculté à l'acquéreur, en dehors du paiement mensuel et obligatoire, de hâter sa libération envers la Société par des versements en compte-courant ; ces versements, productifs d'un intérêt de 5 %, ne pourront être inférieurs, chaque fois, à 50 francs.

« En cas d'inexactitude dans les paiements mensuels, la Société aura le droit de reprendre possession de l'immeuble, en remboursant simplement à l'acquéreur tout ce qu'il aura pu verser en plus de 20 francs par mois pendant toute la durée de son occupation.

« Les frais d'acte notarié et les droits d'enregistrement, un un mot tous les frais de contrat, à la charge de l'acquéreur.— Le contrat, dans l'intérêt de l'acquéreur, et pour le cas où il ne pourrait pas faire face à ses engagements, ne sera passé qu'après paiement du tiers au moins de la valeur de la maison ; en attendant, un sous-seing confirmera la vente.

« La Société fera assurer l'immeuble pour une somme de 3,000 francs, et le recours des voisins pour une somme égale. — L'acquéreur devra le remboursement des primes. Cette assurance sera faite par la Société aussi longtemps que l'acquéreur restera débiteur envers elle ; une fois le prix d'acquisition entièrement soldé, l'assurance sera faite par l'acquéreur lui-même, qui devra, chaque année, justifier de sa police.

« Les impositions foncières et celles des portes et fenêtres sont naturellement à la charge de l'acquéreur.

« Afin que rien ne vienne changer sans son consentement le plan d'ensemble de la Cité, pour que le coup-d'œil des maisons et des jardins reste le même, que les conditions de salubrité ne soient pas altérées et que chaque habitation reste indépendante et isolée de manière à ce que chacun soit bien chez soi, la Société impose à l'acquéreur, qui les accepte, les conditions suivantes :

« Aucune construction ne devra être édifiée dans le jardin. — La maison ne pourra être plus élevée

Plan d'un Groupe de deux Maisons de la Cité Havraise

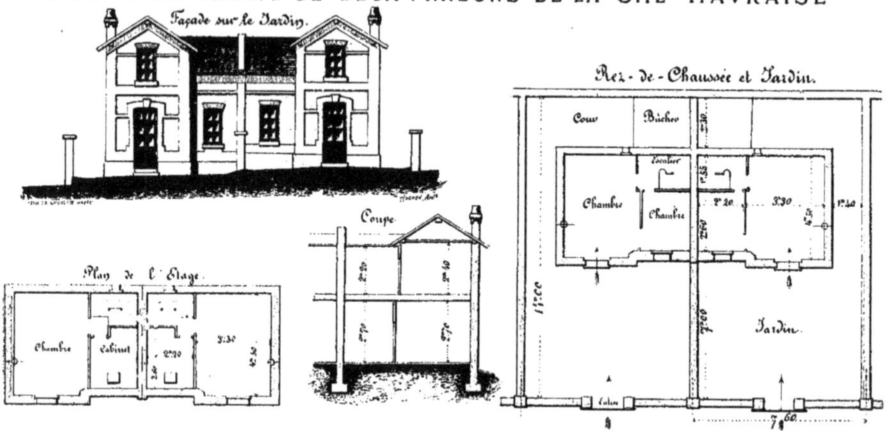
Façade sur le Jardin.
Rez-de-Chaussée et Jardin.
Cour
Bûcher
Escalier
Chambre
Chambre
3.30
Jardin.
17.00
7.60
Coupe
Plan de l'Étage.
Chambre
Cabinet
3.30

qu'elle ne l'est actuellement; aucun étage ou grenier ne devront être construits au-dessus du premier étage. — L'acquéreur pourra prolonger le hangar dans la cour, mais sans pouvoir ni l'élever plus qu'il ne l'est actuellement, ni dépasser l'alignement de la maison elle-même, de manière à ce qu'il ne soit aperçu ni de la rue, ni du jardin.

« En cas d'incendie, l'acquéreur s'engage à reconstruire la maison sur la même place et dans les mêmes conditions.

« L'acquéreur ne pourra revendre ou sous-louer, pendant les dix premières années, sans le consentement par écrit du vendeur.

« La Société se réserve le privilége du vendeur jusqu'à parfait paiement de la propriété. »

Voici également un plan des maisons de la Cité Havraise, qui pourra être consulté avec fruit par les personnes qui se décideront à entreprendre une œuvre de ce genre (1). — Il convient de leur faire observer que s'il leur est possible d'augmenter un peu les dimensions des pièces et de faire une cave, ce sera une utile amélioration.

---

(1) Pour tous les détails d'architecture, s'adresser à M. F. Lemaître, Architecte, au Havre.

L'influence de la Cité ouvrière sur la moralité, et par conséquent sur la misère, est considérable. Qui ne voit combien l'espérance de devenir propriétaire rend l'homme plus travailleur, plus économe, plus rangé, et combien sa vie devient plus active et plus intéressante. Il faut parcourir un soir d'été ou un dimanche une Cité ouvrière, pour voir comment tout y respire le contentement, la paix et les vraies joies de la famille !

Aux jours de la vieillesse, comme il est précieux d'avoir une maison qui ne coûte plus aucun loyer ! Tous ceux qui connaissent la vie des pauvres, savent ce que leur cause d'angoisses le paiement périodique du loyer ! — Quel bonheur d'être débarrassé pour toujours de ce souci. — La Cité n'est-elle pas l'œuvre préventive par excellence !

Aussi ne saurait-on trop recommander de fonder des Cités ouvrières, dans les campagnes comme dans les villes. Parmi toutes les œuvres sociales ou philanthropiques créées dans le courant de ce siècle, elles offrent sans contredit les résultats les plus positifs et les plus certains.

Voulons-nous faire à la fois des gens heureux et des vrais conservateurs; voulons-nous combattre en même temps la misère et les erreurs socialistes;

voulons-nous augmenter les garanties d'ordre, de moralité, de modération politique et sociale, créons des Cités ouvrières!

Il n'est pas nécessaire de le faire sur une grande échelle; il ne faut même pas les agglomérer sur un même point, cela peut avoir des inconvénients en ayant l'air de parquer, de classer l'ouvrier; il ne faut surtout pas élever de ces grands bâtiments, véritables casernes, qui détruisent la vie de famille et le sentiment du chez soi; il faut construire de petites maisons séparées, ne donnant asile qu'à une famille, et les répartir dans tous les quartiers d'une ville.

La création de ces Cités est d'autant plus facile qu'elle offre à ceux qui les font, en même temps que l'occasion d'être utiles, un excellent placement. En effet, la plupart des Sociétés de ce genre distribuent régulièrement à leurs actionnaires-fondateurs un intérêt de 4 à 5 %, qui repose sur les meilleures garanties, puisque, en outre de l'immeuble qui sert de gage, on a encore la solvabilité de l'acquéreur.

Dans ces conditions, fondons partout des Cités ouvrières, nous serons certains en le faisant de contribuer au bonheur de nos semblables, et nous leur fournirons les moyens d'éloigner et de combattre la misère.

§ 4. — *Par des Délassements honnêtes.*

Sociétés musicales. — Concerts. — Sociétés de gymnastique. Cercles d'ouvriers.

Un autre moyen d'action de la charité préventive privée consiste à fournir aux classes ouvrières des délassements honnêtes.

La misère, on est bien d'accord sur ce point, est, dans un très-grand nombre de cas, la conséquence du vice, et le vice lui-même provient au moins aussi souvent de l'oisiveté.

Pour combattre l'oisiveté, qui conduit fatalement l'ouvrier au cabaret, il faut s'efforcer de lui procurer quelques occupations agréables et un peu de distraction. — Tout homme, après une journée de travail, ou le dimanche, a besoin de se distraire; mais quelles distractions peut-on lui offrir pour le retirer du cabaret, de la salle de danse, de l'Alcazar, ces dangereux ennemis du travailleur?

Elles peuvent être de différentes sortes; les uns la trouveront dans l'instruction, dont nous avons déjà indiqué les excellents effets; les autres la demanderont à la musique; d'autres aux exercices du corps; chacun enfin, suivant ses goûts, recherchera un genre de distraction ou l'autre. Il convient donc d'en avoir plusieurs.

La *musique* peut être mise en première ligne; elle a sur l'homme les plus heureux effets, adoucit son caractère, élève ses pensées, l'occupe agréablement, et lui fait oublier bien des peines. Elle est une distraction aussi morale qu'agréable; on ne saurait donc trop recommander l'organisation parmi les ouvriers de *Sociétés de chant* et de *Sociétés instrumentales*.

La grande difficulté de cette organisation est de trouver une salle suffisante pour les répétitions et les Concerts. — Faute de local spécial, la Société se réunit souvent dans un café, où la répétition se termine autrement qu'en faisant de la musique, et, faute d'une salle de concert, un des plus grands stimulants de la Société, sa production en public, vient à lui manquer.

Les concours, qui sont un bon moyen de répandre le goût de la musique, sont un puissant encouragement pour les Sociétés musicales; on ne peut que les approuver et demander leur extension; mais les *Concerts populaires*, principalement le dimanche, ont un double but qui est encore préférable.

En même temps qu'ils stimulent les exécutants, ils sont une charmante distraction pour l'ouvrier et sa famille, car il convient d'en laisser l'entrée publique. Les uns vont y entendre leurs enfants, d'autres leurs frères ou amis; chacun prend un vif intérêt à ces petites fêtes, dont l'excellent effet ne tarde pas à se faire sentir.

L'influence de la musique sur le patriotisme, et en général sur le développement des idées morales, poétiques et religieuses, est d'ailleurs considérable. — Les chants populaires ont généralement pour sujet la patrie, la famille, l'amour pur, le travail et ses joies, et produisent presque toujours une heureuse impression sur les masses qui aiment instinctivement la musique.

En Allemagne, les chants populaires appris dès l'enfance ont contribué d'une manière puissante au triomphe de l'unité nationale et au développement du patriotisme; c'est une force qu'il ne faut pas négliger chez nous.

Encourageons donc la création de Sociétés musicales.

Les *Sociétés de gymnastique* agissent dans le même sens; elles s'adressent surtout aux jeunes gens, qu'elles amusent, distraient et fortifient. Par la gymnastique on contribue à faire « des esprits sains dans des corps sains; » — on règle l'esprit en même temps que le corps, et on détourne du mal beaucoup de jeunes gens qui y auraient été entraînés par l'oisiveté.

La gymnastique a le grand avantage de fortifier tout en fatiguant, et d'absorber une partie de cette exubérance de vie que tout homme de 18 à 30 ans a en lui, et qui l'entraîne souvent au mal. Quand on a fait le soir, pendant une heure, des exercices gymnastiques avec ses camarades, cette distraction ne produit-elle pas une bonne fatigue qui prépare une nuit tranquille dont le résultat est que le lendemain on se lève frais et dispos, bien préparé pour le travail de la journée. Comparez ce réveil avec celui qui suit une soirée d'oisiveté terminée par une nuit de débauches, et vous comprendrez l'importance des Sociétés de gymnastique qui donnent force et entrain, préservent de bien des écarts, et préparent une vie saine et une vieillesse vigoureuse.

Mais ici encore la grande difficulté est le local. Comme pour les Sociétés musicales, les Concerts, les Conférences, nous allons trouver le moyen de vaincre cette difficulté par les *Cercles d'ouvriers*.

Cette nouvelle institution a pris naissance en Angleterre, il y a une vingtaine d'années. Les *Mechanics' institutes*, genre d'écoles professionnelles, y existaient depuis longtemps ; mais comme leur but consistait seulement à faciliter l'instruction des masses par des Cours du soir, et que ces établissements n'avaient en outre qu'une bibliothèque et une salle de lecture, ils n'avaient attiré que peu d'ouvriers, et s'adressaient principalement à la classe moyenne.

Frappées de ce résultat et convaincues qu'il était de la plus haute importance d'y attirer les ouvriers proprement dits, quelques personnes résolurent d'y ajouter l'élément de la *distraction*, espérant attirer le peuple, d'abord en l'amusant, puis le garder en l'intéressant à des occupations de plus en plus sérieuses.

Elles fondèrent donc les *Working men's Clubs* (1) ou *Cercles d'ouvriers*

Ces Cercles se composent en général :

---

(1) Voir *The Working men's Clubs and Institutes*, par Henry Solly, Esqre. — Londres, 100, Strand.

1° D'une ou de deux salles de jeux et de conversation, dans lesquelles les adhérents peuvent venir le soir, fumer, causer, jouer aux dominos ou aux cartes, et prendre même de la bière ou du thé. Souvent un billard se trouve dans la salle;

2° D'une salle de lecture et de bibliothèque, où se trouvent un certain nombre de journaux quotidiens et de publications périodiques qu'on peut lire, et des livres qu'on peut emporter;

3° De salles de Cours où le soir on donne des leçons de lecture, d'écriture, de calcul, d'histoire, etc.;

4° D'une salle de gymnastique;

5° D'une grande salle de Concerts et de Conférences;

6° Enfin d'une cour et d'un jardin où on peut se promener en été, jouer aux boules, au tonneau, etc.

Les *Working men's Clubs* ne réunissent pas tous ces avantages, beaucoup d'entre eux n'ont qu'une partie de ces salles; mais plus l'établissement est complet, mieux il répond au but.

La cotisation y est en général de 6 pence (62 1/2 c.) par mois, et elle est suffisante pour couvrir les frais d'entretien, d'éclairage, chauffage, etc.

A côté de la partie sérieuse : Cours, Bibliothèque, Conférences, qui ne suffit pas pour attirer bien des gens, ces Cercles possèdent donc plusieurs moyens d'attraction, les jeux, la gymnastique, les concerts, etc. ; aussi ont-ils réussi à faire venir les ouvriers en grand nombre.

En effet, les jeunes gens, par exemple, qui passaient leur soirée au café ou à l'Alcazar, trouvent plus avantageux de se réunir dans un lieu où ils ont à meilleur compte bien plus de distractions; les hommes âgés, qui dépensaient leur temps au cabaret, dans une salle sombre et enfumée, préfèrent de beaucoup la salle de conversation et de jeux du Cercle, qui est plus grande, mieux éclairée, et où on se sent mieux à son aise.

Le dimanche, vieux et jeunes ne savaient souvent comment employer le temps; ayant un Cercle, ils vont y entendre, avec femme et enfants, un concert ou une conférence, qui réjouit toute la famille.

Ainsi, en commençant par la distraction, on arrive à l'instruction et à la moralisation.

Près de mille *Working men's Clubs* existent déjà

en Angleterre, et chaque jour on en fonde de nouveaux (1).

L'Allemagne possède aussi des institutions de ce genre, qu'on appelle « *Arbeitersverein*, » ou associations d'ouvriers. — Leur but est le même, mais les idées de mutualité étant plus développées, on y ajoute quelquefois un magasin coopératif de consommation, ou une Société de secours mutuels. Le côté de l'instruction et des distractions musicales y est plus en faveur aussi qu'en Angleterre; les Conférences sont nombreuses, les auditeurs ont la faculté d'y poser des questions au conférencier, qui s'empresse d'y répondre publiquement, et les fêtes de famille, dont la musique, si universellement appréciée en Allemagne, fait la base, sont fréquentes (2).

La France aussi, tout en étant un peu en retard sur ses voisins, a voulu essayer ce genre d'institution, et Mulhouse a été la première à créer un Cercle d'ouvriers en 1868. — *Le Cercle mulhousien,*

---

(1) Le *Bridgeton Working men's Club de Glasgow*, est un des meilleurs d'Angleterre.

(2) Pour de plus amples détails, s'adresser à M. Franz Dunker, Député, Fondateur et Président du *Handwerkerverein de Berlin*, un modèle de ce genre d'institution.

rue Gay-Lussac, fondé sous le patronage de la célèbre Société industrielle de Mulhouse, offre tous les avantages réunis des Cercles anglais et allemands; aussi donne-t-il les meilleurs résultats.

Voici un extrait du rapport du président, à l'assemblée générale du 23 janvier 1876 :

« Pendant l'année dernière, il a été admis
« 641 membres nouveaux, ce qui porte le total
« des membres du Cercle à 1574.

« Les Conférences ont été au nombre de 18, et
« elles sont suivies avec beaucoup d'intérêt.

« Le nombre des fêtes données par les diverses
« Sociétés musicales et théâtrales du Cercle a été
« de 23, se décomposant comme suit : 4 grands
« concerts, 1 concert payant, 8 soirées musicales
« et théâtrales, 2 bals, 2 banquets musicaux,
« 5 fêtes au Jardin zoologique (loué par le Cercle
« pour ses membres), 1 fête de vieillards.

« La location du Jardin zoologique permet aux
« membres du Cercle, moyennant un léger sup-
« plément, d'avoir en été, pour eux et leurs
« familles, un but de promenade agréable. »

Le budget présente les chiffres suivants :

RECETTES

Solde au 31 Décembre 1874............	F.	49	40
Intérêts du capital...................	»	369	75
Produit des cotisations...............	»	7.429	50
Location de la gymnastique à deux Sociétés	»	600	—
Vente de vieux papiers................	»	62	70
	F.	8 511	35

DÉPENSES

Bibliothèque et bibliothécaire............	F.	591	75
Plantons..............................	»	390	—
Eclairage.............................	»	1.266	20
Chauffage	»	379	90
Contributions.........................	»	189	65
Assurance contre l'incendie...	»	52	—
Musique..............................	»	1.937	65
Conférences, cours, etc	»	217	—
Journaux.............................	»	266	95
Achat d'un orgue.....................	»	525	—
Achat de deux extincteurs...	»	81	70
Entretien du bâtiment et du mobilier.....	»	1.285	75
Dépenses diverses....................	»	324	15
	F.	7.507	70
Remboursé au capital.................	»	1.000	—
Solde en caisse......................	»	3	65
	F.	8.511	35

Le montant de la cotisation au Cercle mulhousien est de 50 centimes par mois ou 6 francs par

CERCLE D'OUVRIERS DE MULHOUSE

an. — On voit que cette cotisation, quoique minime, suffit pour couvrir les frais généraux de l'établissement (1).

Quelques personnes avaient craint, au moment de la fondation de ce Cercle d'ouvriers, qu'il ne devînt un foyer d'agitation, et même de grèves, dans une ville où la population ouvrière est si nombreuse. Depuis six ans qu'il fonctionne, il n'a jamais donné lieu au moindre trouble, et les patrons ne lui adressent aucun reproche.

En 1871, au sortir de la Commune, d'autres Cercles de ce genre ont été organisés à Paris, d'abord, et puis dans un grand nombre de villes des départements.

M. le capitaine de Mun et quelques autres personnes pensèrent qu'il fallait s'efforcer d'empêcher le retour de pareils excès, et que, pour remettre le peuple dans une voie meilleure, la fondation de Cercles d'ouvriers serait un puissant moyen d'action.

Partant de l'idée qu'aucun résultat durable ne

---

(1) Pour de plus amples renseignements, s'adresser à Mulhouse, au Président de la Société Industrielle, ou au Président du Cercle Mulhousien, rue Gay-Lussac.

peut être obtenu sans religion, et que la religion catholique romaine doit être la base de toute œuvre sociale ; que les maux actuels de la France proviennent de ce que ce principe n'a pas été suffisamment observé, ils fondèrent l'œuvre des *Cercles catholiques d'ouvriers* (1).

Aux salles de jeux, de lecture, de gymnastique, on ajouta donc une chapelle, avec un aumônier, qui doit faire de temps en temps des conférences religieuses, dire la messe, à laquelle les membres sont tenus d'assister, et recevoir leur confession.

Le nombre de ces Cercles s'élève déjà à 260, et chaque jour on en fonde de nouveaux. L'association qui s'est formée à cet effet témoigne d'une grande activité.

En Angleterre, on avait pensé aussi introduire l'élément religieux dans ce genre d'institution ; mais on y a renoncé après avoir reconnu que cela écartait bien des gens ayant de la religion, mais n'aimant pas en faire parade, et que cela en attirait

(1) Pour avoir tous les détails de cette œuvre, s'adresser au Secrétariat général de l'œuvre des Cercles catholiques d'Ouvriers, n° 10, rue du Bac, Paris, et lire notamment les comptes-rendus des Assemblées générales et *La Revue politique et littéraire* du 10 Avril 1875. — Paris, Germer-Baillière, édit., n° 108, boulevard Saint-Germain.

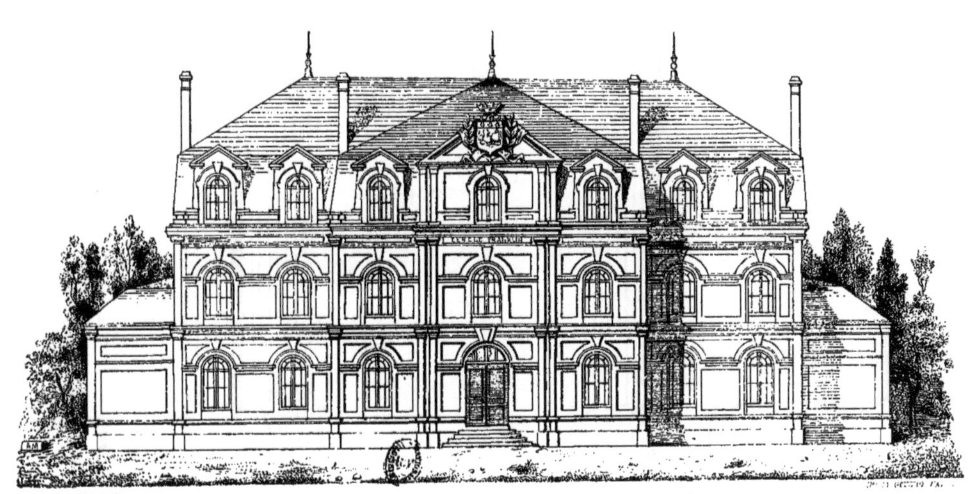

FAÇADE DU CERCLE FRANKLIN DU HAVRE

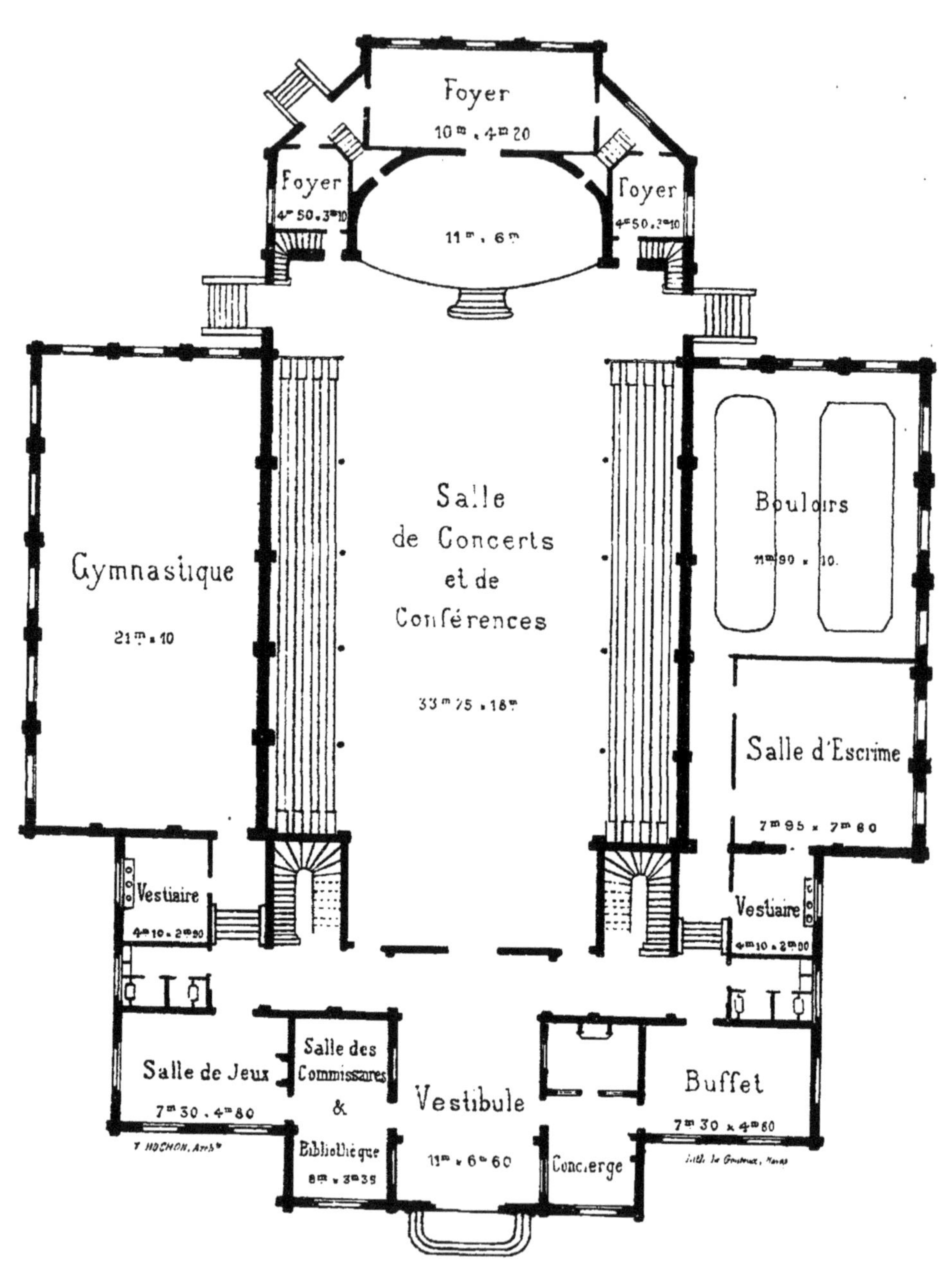

CERCLE FRANKLIN DU HAVRE

Plan du Rez-de-Chaussée

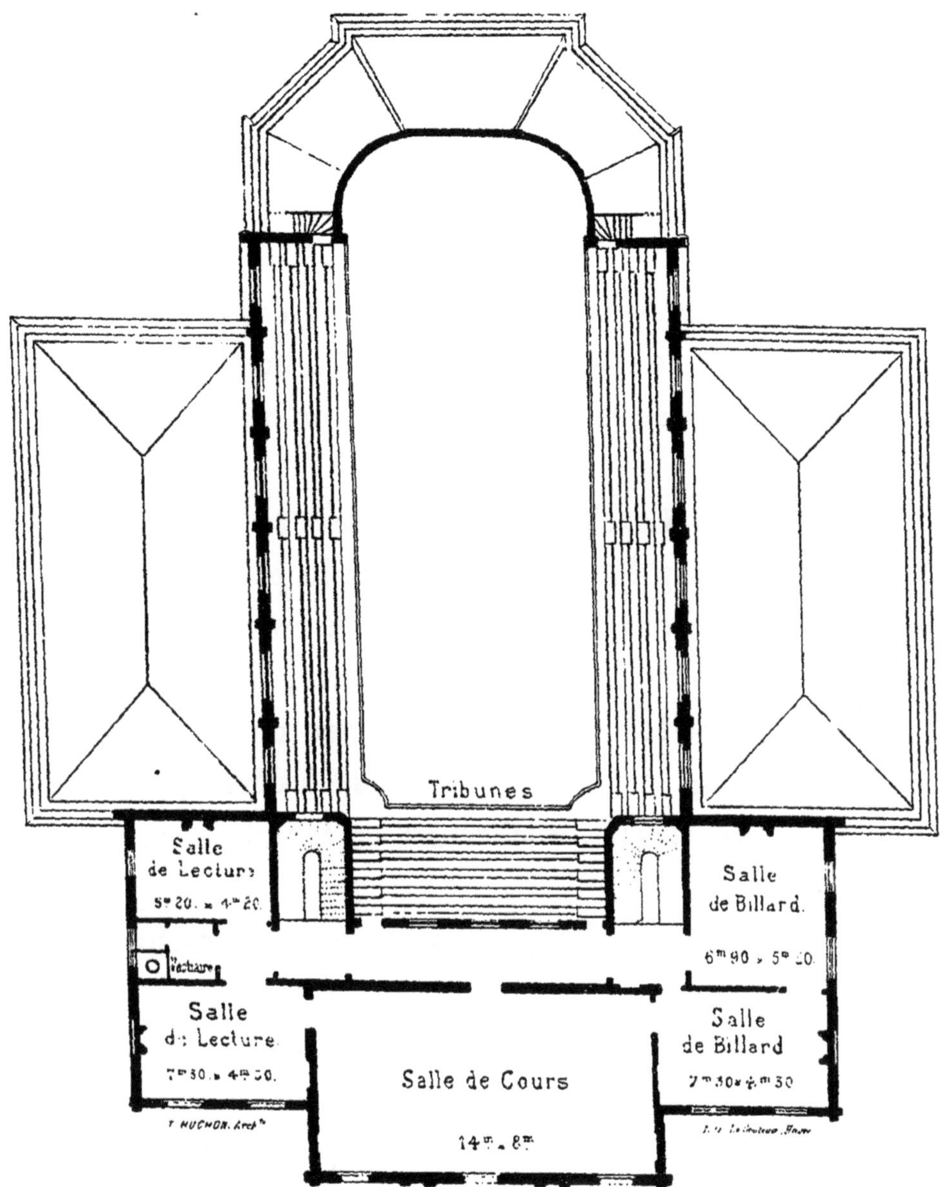

CERCLE FRANKLIN DU HAVRE

Plan du 1er Etage.

Le 2e Etage pareil, contient 2 Salles de Cours, et 3 Salles
de Répétition pour les Sociétés Musicales.

d'autres n'en ayant pas, mais affectant d'en avoir.

On s'est donc borné, et je crois qu'on a bien fait, à leur conserver le caractère d'œuvres purement sociales, en laissant de côté la politique et la religion.

Le dernier Cercle d'ouvriers fondé en France, et de beaucoup le plus complet et le plus vaste, est le *Cercle Franklin du Havre*, fondé en 1875.

Dans la pensée de ses fondateurs, le Cercle Franklin, qui a été créé au capital de 200,000 francs, par actions de 100 francs, est destiné à développer le bien-être social, intellectuel et moral de ses membres.

Il contient une Bibliothèque réservée aux membres du Cercle, et composée d'ouvrages utiles et intéressants; une salle de lecture où se trouvent de nombreux journaux et les meilleures publications ayant rapport aux différents corps de métiers; des salles de Cours, où le soir des personnes de bonne volonté donnent des leçons de géographie, d'histoire, d'arithmétique, d'hygiène, etc.; une grande salle de réunion, pouvant contenir 2,000 à 2,500 personnes, où ont lieu les conférences, les concerts, les petites représentations théâtrales, et des salles de répétition pour les Sociétés musicales et de réunion pour les Sociétés de secours mutuels, etc. ; une belle gymnastique, des salles de jeux, d'escrime, de boules, de billard, de conversation, et enfin un buffet, dans lequel on donne de la bière, du vin de Bordeaux et des sirops.

L'œuvre n'étant ni politique, ni religieuse, mais avant tout sociale, les membres du Cercle sont parfaitement libres dans leurs opinions comme dans leurs actions.

Le Cercle Franklin ne voulant nullement séparer les membres de la famille, mais ne tendant qu'à les réunir, ses adhérents peuvent amener leurs femmes et enfants aux Conférences, aux Concerts et aux Fêtes donnés dans la grande Salle du Cercle.

Voici du reste son règlement, qui donnera tous les détails de son organisation (1) :

« Art. 1er. — Le *Cercle Franklin* a pour but : de fournir aux habitants du Havre, à quelque profession qu'ils appartiennent, un centre de réunion

_____

(1) Pour de plus amples renseignements, s'adresser au Président du Cercle Franklin, au Havre.

où chaque adhérent puisse trouver à se récréer et à s'instruire.

« Il se compose : d'une salle de concerts et de conférences, d'une salle de gymnastique, de salles de cours, de répétition, de conversation, de jeux, d'une salle de lecture et d'une bibliothèque, qui sont mises à sa disposition par la Société anonyme du *Cercle Franklin*.

« Art. 2. — Tout habitant du Havre ou de ses environs peut se faire recevoir membre du Cercle, aux conditions suivantes :

« Qu'il jouisse d'une bonne réputation;

« Qu'il soit âgé d'au moins 17 ans;

« Qu'il s'engage à observer les règlements.

« Art. 3. — Pour faire partie du Cercle, il faut se faire présenter, par un membre, aux commissaires de semaine dont il est question à l'article 5. Ces commissaires inscrivent les noms du candidat et du membre qui le patronne sur un tableau placé dans le Cercle. Pendant quinze jours, chaque membre du Cercle a le droit de présenter, par écrit, ses observations sur le candidat. Les quinze jours expirés, les commissaires statuent sur son admission et délivrent, s'il y a lieu, une carte de membre ordinaire.

« La présentation de cette carte est exigée à l'entrée.

« Art. 4. — Sont, en outre, de droit membres à titre honoraire, les actionnaires de la Société et les personnes présentées par le Comité de direction.

« Les membres honoraires paient une cotisation annuelle d'au moins 10 francs par an, à moins qu'ils ne soient déjà membres actifs.

« Art. 5. — Il est nommé, chaque année, par les membres ordinaires et honoraires du Cercle, et parmi eux, quarante commissaires.

« Ces commissaires sont nommés au scrutin secret et à la majorité relative des voix.

« Si, dans le courant de l'année, il se produit une ou plusieurs vacances, les commissaires restants peuvent se compléter par l'adjonction de membres de leur choix.

« Les commissaires sortants sont toujours rééligibles. Ils s'entendent pour qu'il y ait au moins deux des leurs, présents au Cercle, aux heures de réunion. Ils sont investis du droit de réception dont il est parlé à l'article 3. Ils veillent à la bonne tenue du Cercle, à l'observation du règlement, et sont chargés d'assurer le bon ordre dans les Cours, Concerts, Conférences et Fêtes.

« Art. 6. — En outre des commissaires, il est formé un Comité chargé de la direction et de la partie financière du Cercle.

« Ce Comité est composé du président du Conseil d'Administration de la Société, de trois membres délégués par ce Conseil, et de trois membres délégués par les commissaires. Il est nommé annuellement.

« Le Comité de direction fixe les cotisations, établit et solde les dépenses, opère les recettes, dresse le budget du Cercle et, en cas d'excédant des recettes, verse cet excédant à la Société pour servir au paiement des intérêts du capital jusqu'à concurrence de 2 %.

« La cotisation des membres ordinaires est fixée, dès à présent et provisoirement, à 50 cent. par mois ou à 5 francs par an, payables d'avance.

« Art. 7. — Les membres du Cercle peuvent se grouper entre eux en Sociétés particulières de musique instrumentale ou vocale, de gymnastique, etc. ; chacune de ces Sociétés se recrute parmi les membres du Cercle et fait son règlement particulier, qui ne doit rien contenir de contraire au règlement général et qui doit être soumis à l'approbation de l'Administration.

« Art. 8. — Ces Sociétés pourront contribuer à l'agrément du Cercle en organisant de temps en temps, avec le concours du Comité de direction, des réunions ou fêtes auxquelles chaque membre du Cercle pourra amener les membres de sa famille, dans la limite du possible.

« Art. 9. — Pour augmenter les revenus du Cercle, la grande salle de réunion et la salle de gymnastique pourront être louées, de temps en temps, à des Sociétés particulières. On pourra également y donner des Conférences et des Concerts payants, ou ayant un but de bienfaisance et d'utilité publique, et ces jours-là les abonnements seront suspendus pour l'entrée dans la salle de réunion.

« Art. 10. — Les réunions spéciales prévues par les articles 8 et 9, autres que les Fêtes et Concerts, devront, lorsqu'elles auront le caractère de réunions publiques, être précédées de la déclaration prescrite par l'article 2 de la loi du 6 juin 1868.

Les Conférences ne pourront avoir lieu qu'en vertu d'une autorisation ministérielle et après déclaration par le président du Cercle des différents sujets qui devront être traités par les conférenciers.

« Art. 11. — Les discussions politiques et religieuses et les conversations bruyantes sont formellement interdites.

« Art. 12. — Tout membre qui troublerait l'ordre ou qui refuserait de se conformer au règlement devra sortir du Cercle à la première injonction des commissaires. Il pourra, en outre, être exclu du Cercle sur la décision du Comité de direction.

« Art. 13. — Il sera tenu, chaque année, une réunion générale des membres du Cercle, dans laquelle le Comité de direction présentera un rapport sur la marche du Cercle pendant l'année. On procédera, dans cette réunion, à l'élection des commissaires.

« Art. 14. — Le présent règlement pourra être modifié par le Comité de direction avec l'assentiment du Conseil d'Administration de la Société.

« Ce dernier se réserve, de plus, le droit de décider la clôture du Cercle si jamais il le trouve nécessaire.

« Dans ce cas, aucun membre ne pourra prétendre à une indemnité autre que le remboursement des cotisations payées d'avance et non encore échues.

« Toute modification apportée aux présents Statuts sera soumise à l'approbation de l'Administration.

« *Disposition transitoire.* — Jusqu'à la première réunion générale annuelle, le Conseil d'Administration nomme les commissaires. »

Peu de temps après son inauguration, le Cercle Franklin avait environ 2,000 adhérents.

Les Cercles d'ouvriers étant des lieux de réunion pour les Sociétés musicales, pour les Sociétés de secours mutuels, pour celles qui s'occupent d'instruction, de coopération, et un lieu de distraction et d'amusement par les jeux, les concerts, la gymnastique, etc., deviennent un centre d'action important.

On ne saurait donc trop en recommander la création, car leur influence est considérable sur la moralisation des classes ouvrières, et par conséquent sur la diminution de la misère.

Un peu coûteux à établir, quand on sait leur donner tout le développement qu'ils comportent, ils peuvent être commencés sur une échelle plus restreinte. Du reste, une œuvre utile n'est jamais trop chère, et, quand on le *veut,* l'argent pour la fonder se trouve *toujours.*

Vous tous qui voulez faire du bien à vos semblables, qui désirez éloigner les dangers de la route que suivent ceux qui sont moins favorisés que vous, qui voulez lutter contre la misère et le mal, en vous servant des véritables moyens, les moyens préventifs, organisez des Cercles d'ouvriers. Vous éprouverez des difficultés; mais y a-t-il du mérite à faire ce qui est facile ?

Ayez l'ambition de triompher de ces difficultés et de réaliser une œuvre utile; de l'ambition, il faut en avoir; non par amour des titres, des honneurs ou des places, mais par le désir de bien faire et de contribuer dans la mesure la plus large possible au progrès de tout ce qui est noble, beau et bien.

Si vous êtes jeunes, élevez vos pensées, ayez un idéal haut placé, ne vous laissez pas émouvoir et décourager par ces pessimistes, qui, voyant le mal partout, prédisent toujours l'insuccès; mais quand le moment d'agir sera venu, réalisez vos pensées de jeunesse.

« Qu'est-ce qu'une grande vie, disait Alfred
« de Vigny? — Une pensée de jeunesse réalisée
« par l'âge mûr. »

§ 5. — *Par divers autres moyens.*

Maisons de Servantes. — Sailors' Home et Hôtels de Mousses. — Fourneaux économiques. — Bains et Lavoirs.

Les *Maisons de servantes* sont une autre institution philanthropique qui, pour être moins importante et plus spéciale que les précédentes, n'en est pas moins utile.

Il en existe un certain nombre en Angleterre, en Allemagne et en Suisse; mais jusqu'ici leur nombre, en France, est très-limité. — Elles pourraient prendre, plus justement peut-être, le nom d'écoles et d'hôtelleries de servantes, car ce sont là les deux buts de ces institutions.

Beaucoup de jeunes filles, à l'âge de 14 ou 15 ans, seraient disposées à devenir servantes, femmes de chambre ou cuisinières; mais leurs parents hésitent à les mettre en apprentissage, craignant pour elles les mauvais exemples. Peu d'occasions d'apprendre réellement leur état se présentent donc à elles.

La Maison de servantes remplace cet apprentissage avec avantage. Les jeunes filles y apprennent la couture, le blanchissage et le repassage; elles font tour à tour le ménage et la cuisine, et passent successivement par toutes les branches de l'état qu'elles ont choisi.

L'instruction des élèves se continue pendant l'apprentissage, et chaque soir, lorsque les travaux de la journée sont terminés, réunies dans la salle commune, les jeunes filles font à tour de rôle des lectures à haute voix, ou travaillent pour elles. La directrice de la maison peut profiter de ces moments pour exercer une action morale sur ses élèves.

A côté de l'École d'apprentissage, la plupart de ces Maisons de servantes ont encore une hôtellerie, c'est-à-dire qu'elles reçoivent temporairement les servantes sans occupation. — Très-souvent, ces pauvres filles ne savent où aller en attendant de trouver une nouvelle place, et sont réduites à entrer dans une auberge de second ordre, où leurs économies sont vite épuisées et où elles courent souvent le danger de se perdre.

La Maison de servantes est là pour les recevoir; elles y sont nourries, logées, et la direction ne leur demande qu'une très-petite pension, en même temps qu'elle s'occupe de leur trouver une place.

Écoles d'apprentissage des plus utiles, Asiles ou

Refuges momentanés, ces Maisons de servantes sont encore un Bureau de placement des plus sérieux. En effet, quand on a besoin d'une domestique on s'adresse là de préférence, car on y trouve des garanties de savoir et de moralité qu'on ne rencontre pas ailleurs.

Ces institutions, qui ne sont ni difficiles, ni coûteuses à organiser, donnent en général de bons résultats. La maison de servantes de Mulhouse, fondée en 1869, peut servir de modèle en son genre. Voici son budget pour 1875 (1) :

RECETTES

Loyers perçus en sous-locations.......... F.	1.500 —	
Rétributions payées par les servantes...... »	1.121	20
do do par les familles....... »	835	80
Service fourni............................ »	189	—
Journées bonifiées........................ »	12	65
Ouvrages livrés .... »	25	05
Cuisine et accessoires fournis............ »	1.970	—
Pensions payées.......................... »	1.168	25
Produit de la buanderie.................. »	1.149	30
Intérêts sur le capital................... »	660	20
	F.	8.631 45

(1) Pour de plus amples renseignements, s'adresser à Mme la Directrice de la Maison de Servantes de Mulhouse, n° 17, rue Sainte-Claire.

DÉPENSES

Frais de ménage...................... F.	3.762	75
Frais d'entretien de la maison .... »	842	50
Chauffage, éclairage et blanchissage ...... »	409	30
Directrice et gages .... »	1.208	—
Contributions....................... »	410	65
Assurances.......................... »	65	—
Dépenses diverses.................... »	55	95
Intérêts du capital dû sur la maison...... »	1.160	—
F.	7.924	15
Excédant des recettes sur les dépenses .... »	707	30
F.	8.631	45

Le total des journées en 1875 a été de 3,629, soit une moyenne de 10 94/365 par jour.

En 1875.........	313	servantes ont passé par la maison.
» 1874.........	288	do
» 1873.........	276	do
» 1872.........	270	do
» 1871.........	376	do
» 1870.........	268	do

Les frais d'apprentissage d'une jeune fille sont de 20 francs par mois, et l'apprentissage dure de six mois à un an; la pension journalière d'une servante sans place est de un franc par jour, mais le produit de son travail lui appartient.

Les *Sailors'home* et *Hôtels de Mousses* sont des établissements destinés à fournir à bas prix un logement aux matelots et aux mousses, sans famille, pendant leur séjour à terre. Ils peuvent être plus ou moins complets et se borner à donner le logement, ou bien fournir aussi la nourriture, et occuper le marin, et spécialement le mousse, au moyen de lectures et de jeux.

L'utilité de ces établissements est évidente ; chacun sait qu'en revenant d'une longue traversée, les matelots ne sont que trop disposés à se laisser entraîner par des distractions de toute nature, et dépensent souvent en quelques jours, mal à propos, et poussés en cela par les logeurs où ils descendent, le gain de tout un voyage. — Les sailors'home ont pour but de lutter contre ces déplorables habitudes. — L'Angleterre surtout en possède un grand nombre, mais en France ils réussissent moins. — Le Havre a eu ainsi pendant plusieurs années un hôtel du *Bon-Mousse*, fondé par M. Frédéric de Coninck, armateur et économiste distingué. On ne se bornait pas à y loger et à y nourrir les mousses, mais leur instruction comme leur éducation se développaient, grâce à de nombreuses leçons qui devaient avoir pour résultat de leur inspirer des goûts d'ordre, de bonne conduite et d'économie.

Les résultats obtenus étaient excellents, mais l'opposition sourde des logeurs, auxquels cet hôtel de mousses faisait concurrence, finit par décourager son fondateur. Cependant ces établissements, tant pour les matelots que pour les mousses, sont d'une utilité si évidente qu'on ne saurait trop encourager les particuliers, et mieux encore les Municipalités ou les Chambres de Commerce des ports de mer, à en fonder dans les grands centres maritimes.

Dès 1839, la Chambre de Commerce de Marseille a fondé une œuvre ayant quelque analogie avec celles dont nous venons de parler, une *Ecole des Mousses et Novices*, installée à bord d'une vieille frégate, qui sert à la fois de logement et d'école.

On y enseigne la lecture, l'écriture, les quatre règles, la géographie, les questions de navigation; le nombre des élèves est d'environ 220, dont une soixantaine toujours à bord.

Les frais, qui sont élevés, sont couverts en partie par les gages des mousses pendant qu'ils naviguent (les 2/3 de ces gages reviennent à l'école, l'autre tiers appartenant à l'élève), et par des subventions de l'Etat, du département, de la commune et de la Chambre de Commerce.

Les *Fourneaux économiques* ont pour but de fournir des aliments bien préparés et à bon marché, à tous ceux qui n'ont pas chez eux les moyens de se les procurer.

L'ouvrier célibataire, par exemple ; celui qui travaille trop loin de sa demeure pour y retourner au milieu du jour ; le voyageur pauvre, ont grand avantage à profiter des fourneaux économiques, où, moyennant 10 centimes par portion, ils peuvent avoir une bonne soupe, un légume, et quelquefois un peu de viande. Beaucoup de familles pauvres, où le père et la mère travaillent, parmi lesquelles il y a des malades, profitent volontiers de cette œuvre, qui grâce à sa nombreuse clientèle peut donner une nourriture excellente à un prix extrêmement réduit. Les aliments peuvent être emportés à domicile, ou consommés sur place. — Des bancs et des tables sont en général disposés à cet effet dans une salle adjacente.

Un fourneau économique bien organisé peut revenir à 2 ou 300 francs, avec tous ses accessoires de vaisselle, et peut fournir de 1,000 à 1,500 portions par jour.

On calcule généralement que s'il en distribue 6 à 700, tous ses frais se trouvent couverts. Dans le cas contraire, on est obligé de lui venir en aide.

Ces fourneaux économiques qui ont existé ou existent dans un grand nombre de villes, et notamment à Paris, au Havre (1), à Mulhouse, etc., sont principalement utiles pendant les hivers rigoureux, et en cas de mauvaise récolte, ou de manque de travail.

Dans quelques localités, ils sont un des moyens employés pour combattre la mendicité. En effet, on y a des bons de soupes, donnant droit à une portion, et on les distribue, au lieu d'argent, a ceux qui demandent l'aumône ou aux pauvres dignes d'intérêt. — Ce système n'est pas irréprochable, car il arrive trop souvent que le bon est vendu pour la moitié de sa valeur, le mendiant préférant en retirer 5 centimes en argent. — Le moyen employé à Genève pour réprimer la men-

---

(1) Ceux du Havre sont organisés par la Municipalité, et pour avoir plus de détails sur leur fonctionnement, il suffit de s'adresser à M. le Maire du Havre.

dicité, et dont il a été question page 124, est bien préférable.

Quoi qu'il en soit, les fourneaux économiques sont d'une grande utilité, et on les apprécie surtout dans les moments difficiles, car ils facilitent beaucoup la vie du malheureux.

Les *Bains et Lavoirs*, en améliorant la santé de l'individu, écartent plus d'une maladie, comme ils éloignent de nombreuses causes de misère. — Encourager l'usage des bains, permettre aux plus pauvres d'en prendre de temps en temps, et faciliter à la mère de famille les moyens de laver, et surtout de sécher son linge, c'est rendre un grand service à la classe ouvrière.

Il n'est pas nécessaire de démontrer l'utilité des bains, chacun l'apprécie ; mais celle des lavoirs est peut-être moins généralement reconnue. Dans la plupart des familles pauvres, le linge est lavé et séché dans l'unique chambre qui compose souvent tout l'appartement du malheureux. — Qui ne comprend tous les inconvénients d'une pareille habitude : l'humidité qui est répandue dans la chambre, et qui attaque la gorge et les yeux, le mauvais air qui s'exhale de ces hardes souvent imparfaitement nettoyées.

Que de maladies proviennent de cette fatale nécessité !

Les lavoirs publics dans lesquels, moyennant une faible rétribution, on peut laver son linge et le faire sécher à la vapeur, remédient à ce mal. Mulhouse a été une des premières villes de France qui en ait compris l'importance. Dès 1858, par l'initiative de M. Jean Dollfus, on y construisit des bains et lavoirs publics, rue des Bains. Quelque temps après, d'autres furent placés au milieu des Cités ouvrières. — Dans ces derniers, le bain se paie 15 centimes linge compris, et l'heure de lavage 5 centimes, ou 15 centimes pour toute la journée (1).

L'eau de condensation d'établissements industriels voisins alimente ces utiles créations.

L'exemple de Mulhouse a été suivi dans la plupart des grandes villes, et aujourd'hui, on rencontre partout des bains et lavoirs publics, fondés quelquefois par les communes, et, dans d'autres cir-

---

(1) Voir *Les Institutions privées du Haut-Rhin*, par A. Penot, 1867. — Mulhouse, imp. Bader.

Les Institutions ouvrières de Mulhouse et des Environs, par Eug. Véron, 1865. — Paris, Hachette et Cⁱᵉ.

Les Cités ouvrières de Mulhouse, augmenté de la Description des Bains et Lavoirs, par A. Penot, 1867. — Mulhouse, imp. Bader.

On s'adresser au Directeur des Cités ouvrières de Mulhouse.

constances, par des Sociétés privées, et souvent par des particuliers qui en font une industrie, dont les résultats sont prospères, partout où la population est nombreuse.

Ainsi, à Paris, il existe un grand nombre de lavoirs privés, qui donnent un bon revenu à leurs propriétaires.

Quelques personnes dévouées ont fondé, en 1872, à Rouen, une Société par actions, au capital de 60,000 francs, pour fonder l'établissement des *Bains et Lavoirs publics de Saint-Sever.* — Il mérite d'être cité spécialement, car il est organisé dans les meilleures conditions possibles.— Il contient 12 cabinets de bains, 6 pour hommes, 6 pour femmes, et 40 places de laveuses, et a coûté 64,000 francs.

Les bains, linge compris, s'y paient 0,40 centimes, et chaque heure de lavage coûte 5 centimes. Le seau d'eau chaude, de lessive, le savon, le coulage, le séchage, se paient à part.

Voici, du reste, les comptes de 1875 :

RECETTES

5.090 bains, à F. 0.40	F.	2.276 20
27.374 heures de laveuses, à F. 0.05	»	1.368 70
14.977 seaux d'eau chaude, à F. 0.05	»	748 85
15.891 seaux de lessive, à F. 0.05	»	794 55
16.543 paquets au coulage	»	1.797 25
Location de l'étendage	»	256 70
Total des produits	F.	7.242 25

Vente de savon .... F. 488 50
do   de chlorure, soude ..... » 135 —
do   de bleu, brosses, battoirs. » 80 10

Total des ventes	»	703 60
Recettes générales	F.	7.945 85
Bénéfice, intérêts et amortissement non compris	»	265 82
	F.	7.680 03

DÉPENSES

Gages des employés	F.	1.762 65
Charbon, 63.790 kil., à F. 38.60 les °/oo kil.	»	2.463 30
Cristaux, soude, 2.442 kil., à F. 19.50	»	479 40
Chlorure, soude, 200 kil	»	56 15
Savon, 550 kil., à F. 83.50	»	459 10
Gaz	»	215 96
Contributions	»	418 44
Assurances	»	23 40
Dépenses diverses	»	229 48
Blanchissage des bains	»	59 50
Frais d'entretien	»	525 60
Eau, 7,500 mètres cubes	»	740 —
Intérêt des emprunts	»	247 05
Dépenses totales	F.	7.680 03

Jusqu'ici il n'a pas été possible de donner un intérêt aux actionnaires, les recettes et les dépenses s'équilibrant seulement. Cela tient à ce que l'établissement étant trop éloigné du centre de la population ouvrière, sa clientèle n'est pas suffisante pour l'occuper en plein. — En effet, au lieu de 24,450 heures de laveuses, il pourrait facilement en fournir 120,000 par an, et, dans ces conditions, les résultats seraient bien différents (1).

Le point essentiel pour la réussite des bains, et surtout des lavoirs, est de les placer dans un quartier très-populeux, afin que les laveuses aient le moins de chemin possible à parcourir.

A côté des institutions dont il vient d'être question, on pourrait encore en citer beaucoup d'autres, car le rôle de la charité préventive privée est illimité ; mais craignant d'entrer dans trop de détails, j'ai préféré n'indiquer que les principaux moyens de combattre la misère, laissant à l'initiative individuelle, cette inépuisable source de charité et de progrès, le soin d'en trouver de nouveaux, suivant les besoins de chaque localité.

---

(1) Pour plus de renseignements, s'adresser au Président de la Société des Bains et Lavoirs publics de Saint-Sever, à Rouen.

CONCLUSION.

Nous venons de jeter un coup d'œil rapide sur cette grande question de la Misère, qui demanderait des volumes pour être traitée à fond. Notre intention, dans les pages qu'on vient de lire, n'a pas été d'aller jusqu'aux détails qu'elle comporte ; notre but a été plus modeste : nous avons simplement voulu, tout en donnant quelques renseignements utiles, appeler sur ces questions l'attention des hommes de cœur, et les engager à s'en occuper sérieusement au point de vue de l'étude, et surtout de la pratique.

De l'étude d'abord ; en effet, la charité n'est pas seulement une vertu, elle est aujourd'hui une véritable science. Dans un état inférieur de civilisation, alors que la vie est simple, les besoins peu nombreux et les relations faciles, la charité peut se borner à l'aumône. Mais dans la société actuelle, au milieu des agitations d'une vie compliquée et difficile, dans nos grands centres de population, la charité est une des branches de l'économie sociale, et, pour qu'elle soit efficace, il faut qu'elle soit sérieusement comprise et pratiquée avec intelligence et entente.

D'autre part, si l'étude est nécessaire, si la théorie est bonne, la pratique surtout est importante, et la bonne volonté, le dévouement, le sentiment du devoir deviennent indispensables. Or, à cet égard, nous avons tous de grands progrès à faire. L'initiative privée, dans le domaine de la charité comme dans beaucoup d'autres questions, est généralement faible dans notre pays. Nous nous déchargeons volontiers sur l'Administration du soin de soulager les misères qui nous entourent, comme nous avons la tendance de nous décharger sur elle du souci des affaires publiques.

Sans doute, et je l'ai montré dans ces pages, l'Administration a son rôle, un rôle important à remplir dans le soulagement de la Misère; mais, à côté d'elle, la charité individuelle a une grande place à garder, un large développement à prendre.

Et pour cela, il faut apprendre à donner. Il faut que chacun donne, sinon son argent, du moins son temps, sa peine, son zèle. Avec de la bonne volonté, on fait des miracles.

Il y a notamment une classe de la société que je voudrais enrôler dans l'armée qui combat contre la misère : c'est la jeunesse. Que les jeunes gens apportent à cette lutte, véritablement sainte, leur ardeur, leur confiance en l'avenir, leur force, leurs loisirs, leur foi au succès; que, de bonne heure, ils apprennent à se préoccuper des autres, à faire pour les autres quelques sacrifices; ils y trouveront de nobles jouissances qui les élèveront à leurs propres yeux, et une sauvegarde contre les entraînements de leur âge, en même temps qu'ils s'y prépareront à devenir ces citoyens pratiques, intelligents, dévoués, qui sont la gloire et la meilleure richesse des nations.

Si l'égoïsme est un dissolvant qui finalement cause la ruine des peuples, le dévouement de chacun pour tous, et de tous pour chacun prépare leur grandeur.

Aimons-nous donc les uns les autres, c'est là le fond de la morale chrétienne, et c'est aussi le secret du bonheur dans ce monde. — Ah! ce bonheur, que nous cherchons avec une ardeur si constante, jamais lassée, hélas! pourquoi le rencontrons-nous si rarement? — N'est-ce pas précisément parce que nous sommes trop préoccupés de nous-mêmes, trop soucieux de sauvegarder nos intérêts, de ménager nos aises, de nous arranger une existence douce et facile?

Ne serait-ce pas parce qu'au lieu de chercher à rendre les autres heureux, nous cherchons avant tout à l'être nous-mêmes? Pour moi, j'en suis convaincu. Le vrai bonheur, les grandes joies de la vie, se trouvent dans le dévouement, dans l'amour, dans l'oubli de soi-même.

« S'il est une loi confirmée par l'expérience, « dit Alexandre Vinet (1), c'est qu'à mesure qu'on « fait le bien, on trouve plus de plaisir à le faire. « Une seule étincelle, si elle ne périt pas, si elle « trouve où s'attacher, embrase toute la vie. Il y a « dans tout acte de bienfaisance quelque chose de « si conforme à notre nature ou de si digne d'elle; « l'âme, dans l'atmosphère de la charité, se sent « tellement à l'aise, qu'à mesure qu'elle respire « cet air, elle n'en veut point respirer d'autre. « Il y a de la joie à faire ce qui est droit, joie « d'autant plus vive qu'elle fut moins prévue, et

(1) Voir *Nouveaux Discours*, page 860; Paris, Sandoz, ou *Esprit d'Alexandre Vinet*, par J.-F. Astié, pages 211-212, 1861. — Paris, Cherbuliez.

« qu'on a vaincu, pour se la procurer, une plus
« forte résistance de la nature et des sens... Voilà
« pourquoi les plaisirs de la charité, s'il est permis
« de les nommer ainsi, ne se flétrissent jamais.
« On vit dans l'âme d'autrui, on s'unit à toutes
« ses impressions. Plus même ce bonheur nous
« inspire de sacrifices, plus il nous devient cher,
« nous l'aimons pour lui-même et pour ce qu'il
« nous a coûté. Ainsi, le premier des devoirs
« devient le plus profond des instincts; il se con-
« fond avec l'amour que nous portons à nous-
« mêmes : nous ne le distinguons plus; et notre
« âme, dans chacun de ses mouvements, se porte
« tout entière d'un même côté, ne laissant rien
« d'elle en arrière. »

Je suis persuadé que, lorsqu'on est parvenu au
terme de sa carrière, la seule chose qui nous
paraisse de quelque valeur dans le passé, c'est le
bien qu'on a pu faire, les services qu'on a pu
rendre.

Un homme, qui avait fait beaucoup de bien
pendant sa vie, fit inscrire sur sa tombe cette
parole frappante :

« Ce que j'ai donné, je l'ai encore; ce que j'ai
« gardé, je ne l'ai plus. »

« De toutes les noblesses, a dit le comte de
« Tocqueville, je n'en ai jamais apprécié qu'une
« seule : c'est celle que confèrent la pratique du
« bien et l'amour du peuple. »

Qu'on me permette encore de donner deux
conseils pratiques à ceux qui veulent faire le bien.

Le premier, c'est de consacrer d'une manière
régulière une certaine proportion de leur revenu
ou de leurs bénéfices annuels aux bonnes œuvres.
Je connais plusieurs personnes qui se font un devoir
de donner chaque année le dixième de leur revenu.

Ce système a de grands avantages. Notre
nature est si changeante; nous sommes quelquefois
si indifférents, même pour le bien, qu'il est bon
de tracer nettement son devoir, et quand la part
des pauvres a été une fois décidée devant la
conscience, avec sagesse, avec générosité, on a
beaucoup plus de facilité à donner, et on peut
d'autant mieux régler son budget du bien, suivant
le degré d'intérêt qu'on éprouve pour les œuvres
diverses qu'on a à soutenir. On a toujours de
l'argent disponible, puisqu'on l'a mis à part pour
cet objet; on sait, enfin, ce qu'on donne et pourquoi on donne, au lieu de donner, comme on le
fait trop souvent, suivant le caprice du moment.

Mon second conseil, c'est de ne pas oublier les pauvres, le jour où nous faisons notre testament, et de ne pas attendre au dernier moment pour le faire. Savons-nous si, à l'approche de la mort, nous aurons le temps ou les facultés nécessaires pour disposer de notre fortune avec discernement et intelligence? Ne vaut-il pas mieux, se souvenant que la mort peut nous surprendre à tout âge, assurer d'avancer par quelques legs la réalisation des bonnes intentions qui germent en nous?

Il y a là pour chacun, et principalement pour ceux qui, de leur vivant, pour une raison ou pour une autre, n'ont pas pu faire tout le bien qu'ils auraient voulu, un moyen de réparer le passé (1).

J'aurai voulu traiter moins imparfaitement le beau sujet que j'ai choisi, parler moins imparfaitement surtout du bonheur qu'il y a à faire le bien et du devoir qui nous incombe à tous, de nous donner aux autres. Un homme de cœur, un chrétien éminent, le père Gratry, me prêtera sa voix

(1) Pour que le testament soit valable, il suffit qu'il soit écrit en entier, daté et signé de la main du testateur, sur n'importe quelle feuille de papier. — Voir Code Napoléon, art. 970, et pour la portion des biens disponibles, art. 913.

éloquente au moment de prendre congé de mes lecteurs.

« Je ne demande au monde contemporain, dit-
« il (1), qu'une seule chose : la volonté déter-
« minée d'abolir la misère.

« Qu'on se décide publiquement, solennelle-
« ment à prendre pour devise la parole de Moïse :
« O Israël, tu ne souffriras pas qu'il y ait dans ton
« sein un seul mendiant ni un seul indigent. »
« Que tous les peuples, toutes les sectes, tous les
« partis s'accordent sur ce point unique et le pour-
« suivent sans jamais s'arrêter, et il suffit.

« Je dis que, par cela même, la justice, la
« vérité, la religion, se répandent sur la terre. Par
« cela même le christianisme gouverne le monde.

« Comment cela ?

« C'est que le christianisme, on ne peut trop le
« répéter, se réduit à un point : « J'ai eu faim,
« dit le Christ, et vous m'avez nourri ; vous êtes
« sauvés. » — « J'ai eu faim, et vous ne m'avez
« pas nourri, vous êtes jugés et condamnés. »

« Voilà le point. Selon l'Evangile, tout est là,

_____

(1) *Les Sources*, par l'Abbé Gratry, IIe partie, Conclusion, 1869. — Paris, Douniol.

« non en ce sens que ce seul point conclut le
« reste, mais en ce sens qu'il implique tout. Il
« implique et attire et suppose toute pratique,
« toute vertu chrétienne, et la vraie vie de l'âme
« en Dieu.

« Donc, si nourrir ou ne pas nourrir Jésus-
« Christ, c'est-à-dire le moindre des hommes qui
« souffre, est toute la base du jugement dernier,
« toute la question du salut éternel, il est bien
« clair que ce point seul est et implique le chris-
« tianisme entier.

« Donc, les individus et les peuples opèreront
« le christianisme entier, dès qu'ils travailleront
« de tout leur cœur et de toutes leurs forces, avec
« persévérance jusqu'au succès, à nourrir de pain,
« la masse des hommes que la misère dévore.

« Donc, encore une fois, c'est l'œuvre chré-
« tienne, essentielle, qu'entreprendront les Socié-
« tés humaines, dès qu'elles entreprendront de
« bannir de leur sein la misère. »

Ce passage n'est-il pas admirable et ne suffit-il
pas à lui seul, pour encourager tout homme de
cœur à s'occuper des pauvres et à s'efforcer de les
soulager !

Alors même que la charité ne suffirait pas

« pour couvrir une multitude de péchés (1), » nous devrions l'exercer parce que c'est la volonté de Dieu, et parce qu'en nous occupant des pauvres et des malheureux, nous trouvons une nouvelle source de bonheur.

Mais il faut que cette charité soit faite avec intelligence et avec unité de vues et de directions pou. produire tous ses effets, et tout en n'osant pas espérer avoir atteint le but, j'aime à croire que mon travail contribuera à en rapprocher, et que j'aurai décidé plus d'un de mes lecteurs à user de son initiative pour s'efforcer d'améliorer le sort des classes les moins favorisées.

L'initiative individuelle est une grande force, ne l'oublions pas, et quand elle s'exerce dans le domaine de la charité, elle a un vaste champ d'action. — Occupons-nous donc des autres, soulageons-les, aimons-les surtout ; ne nous laissons pas décourager par l'insuccès passager ; luttons, luttons toujours, et si les progrès ne sont pas aussi rapides que nous le voudrions, ne doutons pas du triomphe du bien sur le mal, dont la misère est une des plus tristes conséquences.

---

(1) 1re Épître de saint Pierre, chap. IV, verset 8.

« L'homme qui connaît la vie, dit encore le
« père Gratry (1), sent et voit qu'aimer Dieu par
« dessus toutes choses, aimer tous les hommes
« comme soi-même, donner son cœur, son âme,
« son esprit et ses forces, pour rendre les hommes
« meilleurs et plus heureux, c'est la vie, c'est la
« loi, c'est le bonheur, la justice et la vérité. »

(1) *Les Sources*, par l'Abbé Gratry, 1869.— Paris, Douniol.

FIN

OUVRAGES A CONSULTER

La Bienfaisance publique, par de Gérando.

Le Visiteur du Pauvre, par de Gérando. 1 vol. 1826. Paris.
— Renouard.

Du Paupérisme, par C. G. de Chamborant. 1 vol. 1842.
Paris. — Guillaumin.

Lettres à une Dame sur la charité, par M. P.-A. Dufau. 1 vol.
1847. Paris. — Guillaumin.

Études sur les causes de la Misère, par A.-E. Cherbuliez.
1 vol. 1853. Paris. — Guillaumin.

Dictionnaire d'Économie charitable, par Martin d'Oisy. 4 vol.
1855. Paris. — Publié par l'abbé Migne.

De l'Assistance en province, par A. de Magnitot. 1 vol. 1861.
Paris. — Firmin Didot.

*Influence de l'Éducation sur la moralité et le bien-être des classes
ouvrières*, par le docteur G. Le Borgne. 1 vol. Paris. —
Guillaumin.

Les Associations ouvrière de consommation, de crédit et de production en Angleterre, en Allemagne et en France, par Eug. Véron. 1 vol. 1865. Paris. — Hachette.

Le Paupérisme et les Associations de prévoyance, par Émile Laurent. 2 vol. 1865. Paris. — Guillaumin.

The Working men's Clubs and Institutes, par Henry Solly, Esq. 1 vol. 1865. Londres, 150 Strand.

Les Institutions ouvrières de Mulhouse et de ses environs, par Véron. 1 vol. 1865. Paris. — Hachette.

Histoire des Classes ouvrières en France, par E. Levasseur. 4 vol. 1867. Paris. — Hachette.

L'Enquête du Dixième Groupe à l'Exposition universelle de 1867, relative aux Institutions publiques et privées, pour l'amélioration de la condition physique et morale de la population. 1867. Paris. — Dentu.

Les Institutions ouvrières de la Suisse, par Gustave Moynier. 1 vol. 1867. Genève. — Cherbuliez.

Les Institutions privées du Haut-Rhin, par A. Penot. 1867. Mulhouse. — Imp. Bader.

La Libéralité chrétienne, par Théophile Rivier. 1 vol. Lausanne. — Bridel.

Œuvres sociales de Channing, par Édouard Laboulaye. 1 vol. 1869. Paris. — Charpentier.

Du Repos hebdomadaire, au point de vue de la Morale, de la Culture intellectuelle et du progrès de l'Industrie, par Joseph Lefort. 1 vol. Paris. — Guillaumin.

La suppression des Grèves par l'Association aux bénéfices, par Charles Robert. 1 vol. 1870. Paris. — Hachette.

L'Ouvrière, par M. Jules Simon. 1 vol. 1871. Paris. — Hachette.

La Question ouvrière au XIXe siècle, par Paul Leroy-Beaulieu. 1 vol. 1872. Paris. — Charpentier.

Rapports de la Délégation ouvrière française à l'Exposition universelle de Vienne. 1873. Paris. — Morel.

Rapport sur les Institutions philanthropiques du Havre. 1873. Havre. — Imp. Santallier. — Brochure.

Statistique de la France. 1872. — Imprimerie Nationale.

Rapports de l'Assistance publique.

La Question pénitentiaire, par E. Robin. 1 vol. 1873. Paris. — Bonhoure.

Enquête parlementaire sur l'organisation de l'Assistance publique dans les campagnes. 3 vol. 1874. Versailles. — Cerf et fils, imp.

Enquête sur les Bureaux de Bienfaisance. Ministère de l'Intérieur. 1874. — Imprimerie Nationale.

Cours d'Économie politique à l'usage des Ouvriers et des Artisans, par Schulze-Delitzsch, traduit par Benjamin Rampal. 2 vol. 1874. Paris. — Guillaumin.

L'Institution des Caisses de prévoyance des Fonctionnaires, Employés et Ouvriers, par Alfred de Courcy. 1 vol. 1875. Paris. — Armand Anger.

La Question sociale et la Société, par Eugène Puerari. 1 vol. 1874. Paris. — Guillaumin.

Statistique de la France, par Maurice Block. 2 vol. 1875. Paris. — Guillaumin.

Rapports des Commissions chargées par l'Assemblée Nationale d'étudier la condition des Ouvriers en France, par MM. Ducarre et Comte de Melun (Séances des 27 juillet et 2 août 1875). 1875. Versailles. — Cerf et fils, imp.

Paris Protestant, par A. Decoppet. 1 vol. 1876. Paris. — Bonhoure.

La Charité à Paris, par C.-J. Lecour. 1876. Paris. — P. Asselin.

TABLE DES MATIÈRES

Paris. — Imp. F. Sastarin, boulevard de Strasbourg, 16.